낮은곳으로 흘러 하늘에 닿는 물처럼

김진석의

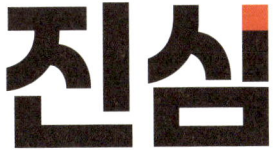

낮은곳으로 흘러 하늘에 닿는 물처럼

김진석의

진심

더로드
The Road Books

# 들어가는 말

많은 사람이 저에게 이야기합니다.

"사람은 좋은데 당이 쫌"
"당만 바꾸면 뭐라도 했을낀데"
"아니면 북구, 동구로 가든지"

저를 아끼고 걱정해주시는 마음을 알기에 저는 언제나
"그 말씀의 뜻 정말 잘 알고 있습니다. 그리고 고맙습니다."
라고 진심으로 답합니다. 그리고 저는 생각해봅니다. '제가 대단할
것도 없지만, 그래도 자영업자, 비정규직 등 서민을 위한 정치를 해 보
겠다고 마음먹은 이상 거대 양당의 기득권 정치와는 달라야 한다고
생각합니다. 정치를 함에 좀 더 쉬운 길도 있고, 또 그런 권유도 받았
지만, 제가 그 길을 선택하는 순간 제가 소중하게 생각했던 가치는 더
이상의 빛을 발할 수 없다고 생각합니다. 좀 험하고 느릴지라도 이런
마음이 꼭 실현되는 기회를 만들어 내겠습니다.'

물은 언제나 낮은 곳으로 흐릅니다. 그것이 물의 본성이자 이치입니다. 그러나 거기서 멈추지 않습니다. 낮은 곳까지 흘러든 물은 결국 증발하여 하늘로 올라가 구름이 되고, 다시 비가 되어 세상을 적십니다.

낮은 곳은 단순히 지형적인 의미가 아닙니다. 그곳은 세상의 비주류, 권력이나 부를 가지지 못한 사람들의 자리이기도 합니다. 화려한 조명 아래 드러나지 않지만, 사회의 뿌리를 지탱하고 생명을 유지시키는 힘은 오히려 그 낮은 곳에서 비롯됩니다.

결국 물은 낮은 곳으로 흘러가면서도 그 속에서 하늘을 향할 힘을 길러냅니다. 하늘에 닿은 물방울은 다시 비가 되어, 메마른 땅과 사람의 마음을 적시며 새로운 생명을 자라게 합니다. 그렇기에 낮은 곳은 결코 끝이 아니라, 새로운 시작의 자리입니다.

60이 넘은 지금, 저는 여전히 많은 분으로부터 세상의 어려움과 삶의 답답함을 듣습니다. 경제적 불안, 사회적 불평등, 그리고 점점 메말라 가는 공동체의 온기에 대한 이야기들입니다. 그럴 때마다 제게 털어놓는 그분들의 진심 어린 말속에서 저는 여전히 '내가 할 일이 남아 있구나'라는 생각을 하게 됩니다. 부족한 사람임에도 불구하고, 누군가가 제게 기대를 걸고 이야기를 건넨다는 사실에 진심으로 감사함을 느낍니다.

그래서 저는 또다시 의미 있는 도전을 시작하려 합니다. 아직 이 사회가 완전히 나아지지 않았고, 불평등으로 고통받는 사람들이 여전히 많기에, 제가 가진 경험과 마음이 조금이라도 세상을 더 따뜻하게 만드는 데 보탬이 될 수 있다면 정말 감사하다고 생각합니다.

그리고 저보다 훨씬 더 훌륭한 분들이 전국 곳곳에서 진보 정치의 길을 묵묵히 걸으며, 저보다 더 헌신하고 있습니다. 그분들은 지역의 현실적 한계 속에서 큰 지지를 받지 못하거나, 늘 경제적·조직적 어려움에 부딪히고 있지만 혼신의 노력을 다하고 있습니다. 그런 점에서 저는 진보 정치에 있어서 울산이야말로 그 새로운 희망의 빛을 전국으로 쏘아 올리는 책무를 가져야 함을 느낍니다. 저는 그 마음으로 세상을 조금이라도 더 나은 방향으로 바꾸기 위한 여정을 이어가려 합니다.

이 책이 제 삶을 온전히 담기에는 부족할지도 모릅니다. 돌아보면, 완벽한 길을 걸어온 것도 아니고, 언제나 승리만 있었던 것도 아닙니다. 더 많은 시간 좌절했고, 때로는 외로웠으며, 때로는 세상의 벽 앞에서 스스로의 한계를 절실히 느끼기도 했습니다. 그러나 그 모든 과정에서도 한 가지 확신만은 잃지 않았습니다. '그럼에도 불구하고, 이 길은 의미 있는 길이었다'라는 믿음입니다.

이 책은 바로 그 믿음의 기록입니다. 주류의 길보다 비주류의 길을, 편안함보다 신념을, 타협보다 진심을 택하며 살아온 한 사람의 이야기를 담았습니다. 정치의 영역에서뿐 아니라, 인생의 여정에서도 같은 마음으로 살아왔습니다.

비록 작고 미약한 몸짓일지라도, 그것이 세상을 조금 더 나은 방향으로 움직이게 할 수 있다면 그 자체로 충분하다고 믿었습니다. 이 책을 쓴 이유는 단순히 제 발자취를 남기기 위해서가 아닙니다. 지금, 이 순간에도 치열하게 살아가는 젊은 세대에게, 또 묵묵히 자신의 길을 지켜가고 있는 중년의 이웃들에게, 그리고 긴 사회생활을 마치고 새로운 인생의 문턱에 선 분들에게 조금이나마 위안과 용기의 메시지를 전하고 싶었습니다.

삶은 언제나 선택의 연속이고, 그 선택은 때로 외롭고 고단합니다. 하지만 흔들림 속에서도 자신의 신념을 붙잡고 나아갈 때, 그 길은 결국 '자신만의 빛'을 얻게 된다고 저는 믿습니다. 이 책이 그 믿음을 나누는 작은 빛이 되었으면 합니다. 누군가의 마음 한켠에 "그래도 어떡해, 해야지"라는 용기를 다시 일깨워줄 수 있다면, 그것이야말로 제가 이 책을 쓴 진정한 이유이자, 큰 보람일 것입니다. 물은 낮은 곳으로 흐르지만, 그 길이 결국 하늘에 닿는 길이라는 것. 그 길을 독자 여러분과 함께 걸어가고 싶습니다.

감사합니다.

2026년 2월 김진석

목차

들어가는 말 · *005*

PART **1** ## 운동권 학생으로 가열차게 투쟁했던 대학 시절

질풍노도의 고등학교 시절 마감 · *016*

첫 번째 충격 = 어둠의 자식들 · *017*

스펙터클했던 신입생 · *018*

새로운시작 · *021*

총학생회 부활추진위원회(총추위)를 결성하고 위원장으로 활동 · *022*

아, 광주여 민족의 십자가여! · *025*

총학생회 부활과 6월 항쟁 · *029*

내 인생 가장 뜨거웠던 시절 · *032*

부정선거 규탄 투쟁 · *035*

총학생회 활동과 첫 번째 구속 · *037*

새날여는 청년회 창립과 총학생회 복귀 · *042*

PART **2** ## 새날여는 청년회와 남구 의회 의원 활동

새날여는 청년회 복귀 그리고 아내와의 만남과 결혼 · *048*

새날여는 청년회 활동 · *051*

36살 첫 도전과 승리로 의원 생활 시작 · *057*

모임 중심 활동들 · *063*

동네의 크고 작은 성과들 · *069*

지역구 외의 사회적 활동 · *075*

PART **3** 민주노동당과 진보당 활동

민주노동당 창당 · *082*

남구청장과 국회의원 도전 · *085*

초대형 마트 반대 투쟁 · *088*

플랜트 노동자들 · *090*

김주철 보궐선거 승리 · *093*

진격의 2010 지방선거 · *095*

통합진보당 창당과 당 해산 · *098*

2021년 울산 남구청장 재선거 · *099*

10번의 도전 · *102*

윤석열 내란, 탄핵 · *105*

PART **4** 나는 왜 진보당인가?

골목골목 소상공인들의 소외와 어려움 · *110*

민간 배달플랫폼 대기업의 횡포 · *112*

살맛 나는 세상을 위해 · *116*

남구의 대기오염 이대로 정말 괜찮은가? · *120*

민중이 가장 훌륭한 정치인 · *123*

나는 왜 진보당인가? · *124*

진보당, 사회의 본질적인 변화를 끌어내는 당 · *130*

브라질 포르투 알레그레는 어떻게 가능했나? · *133*

진보당의 소상공인 지원 활동 · *134*

최저임금이 올라야 서민경제가 살아난다 · *137*

PART **5** 같이 걷는 발걸음이 만드는 가치 있는 길

투쟁가방 이야기 · *144*

울산 공공병원 건립과 울산건강연대 · *146*

탈핵울산시민공동행동 · *150*

국제연대, 일본 초청 나가노 전 일본철도 · *152*

울산 화장장 · *155*

남북 공동행사로 평양에 가다 · *157*

행복발전소 · *161*

백두산 조기축구회 · *164*

내 가슴에 발자국을 남긴 사람들 · *166*

AI에 대한 생각 · *171*

홈플러스 폐업 위기 · *174*

PART **6** 세상에 태어나 받은 가장 큰 선물, 나의 가족 이야기

어머니 아버지 그리고 우리 가족 역사 · *178*

장인어른과 장모님 이야기 · *182*

아버지의 부음 · *184*

옛날 장터국밥 · *186*

나의 사랑, 나의 잔소리꾼 아내 · *190*

나의 두 아들 · *195*

PART 7 굽이진 길이지만 진심을 다해 걸은 나의 이야기

남다른 적응력을 가졌던 나의 성장기 · *200*

나의 감정선을 건드려 울리는 것들 · *208*

성당 입교 · *209*

영화를 좋아하는 나 · *213*

내가 좋아하는 영화 10개 · *219*

담배를 끊는 방법 · *223*

시(詩)–나의 칼 나의 피 · *225*

마치는 글 · *227*

1 장

운동권 학생으로
가열차게 투쟁했던 대학 시절

질풍노도의 고등학교 시절 마감

나는 서울에서 태어나 부산에서 자랐는데, 부산 동래구에 있는 브니엘고등학교를 졸업하였다. 우리 나이로 스무 살이 되던 시절, 질풍노도의 고등학교 시절을 막 끝마쳤고, 울산대학교 전기 및 전자공학과에 합격했다는 통지를 받았다. 그 소식을 들었을 때의 마음은 지금도 또렷이 기억난다. 앞으로 펼쳐질 대학 생활에 대한 설렘과 어른이 되어 간다는 막연한 기대감으로 가슴이 뛰었던 시절이었다.

고등학교 시절을 끝낸다는 해방감으로 자유를 만끽했다. 당시에는 학력고사가 끝나면 모든 학업에서 완전히 해방되는 분위기였다. 나는 가끔이지만, 충분한 여유를 느끼게 해주는 무협지 읽는 것을 좋아하였다. 등굣길에 만화방에 들러 무협지 한 질을 빌려 책가방에 넣고, 하루 종일 그 세계에 빠져 있다가 하교할 때 반납하곤 하였다. 그 속에서 나는 의리와 절개, 강호의 세계를 동경하였고, 가끔 나오는 로맨스 장면 등에 설레기도 하였다.

가끔은 근처 이사벨여고에서 열리는 강연회나 가스펠(복음가요) 공연을 찾아가기도 하였다. 물론 그 나이 또래의 청춘들이 그렇듯, 진지한 목적보다는 호기심과 설렘이 앞섰다. 또한, 친구들과 어울려 당구를 치거나, 가끔은 술을 마시며 세상 이야기를 나누는 일도 있었다. 그 시절의 나는 어른이 되고 싶은 소년이자, 자유를 처음 맛본 청년이었다. 인생의 방향은 아직 뚜렷하지 않았지만, 세상을 향한 호기심과 열정만큼은 누구보다 뜨거웠던 시절이었다.

첫 번째 충격 = 어둠의 자식들

당시 가끔 부산 보림극장에서 영화를 보기도 하였다. 그곳에서는 한 번 입장하면 두 편의 영화를 연속으로 볼 수 있는 '두 프로 상영'을 했다. 그날도 마찬가지였다. 부산수산대에 합격한 친구와 함께 축하 겸 영화를 보기 위해 보림극장을 찾았다. 그날 상영작 중 한 편이 바로 〈어둠의 자식들〉이었다. 그 영화를 통해 전혀 알지 못했던 세상을 처음으로 보았다. 그동안 나는 내가 눈으로 보고 경험한 세상이 세상 전부라 생각하고 살고 있었다는 것을 느꼈다. 하지만 영화 속에는 가난과 질병, 차별 속에 신음하며 살아가는 사람들이 많았다. 그들의 삶은 내가 살아온 세계와는 너무나 달랐고, 그 사실이 어린 나에게 큰 충격으로 다가왔다.

영화가 끝나고 극장을 나서는 길에 나는 친구에게 이렇게 말했다.

"나중에 어른이 되면, 저런 어려운 사람들을 위해 뭔가 해야겠어."

그때의 말은 치기 어린 다짐이었지만, 세상은 내가 생각한 것처럼 단순하지 않으며, 누군가에게는 결코 장밋빛이 아닐 수도 있다는 것을 깨달았다.

돌이켜보면, 그날 보림극장에서의 경험은 내 인생의 아주 작은 균열이었지만, 그 틈으로 세상의 어두운 면과 사람들의 아픔을 바라보는 눈이 자라나기 시작한 것 같다. 아마 그때의 충격과 다짐이 훗날 사회문제에 관심을 가지고, 정치의 길을 걷게 된 내 삶의 밑바탕이 되었는지도 모르겠다.

스펙터클했던 신입생

1982년, 갓 스무 살이 된 나의 청춘은 그야말로 파란만장하고 스펙터클했다. 당시 브니엘 고등학교 동문 선배들의 내리사랑(?)은 유별났는데, 우리가 18회 졸업생이라는 이유만으로 "너희는 무조건 18번 이상의 미팅을 완수해야 한다"라며 엄포를 놓곤 했다. 그 성화에 못 이기는 척 끌려 나가 부산 전역을 무대로 참 부지런히도 미팅 자리를 전전했다.

당시 대학 생활의 중심은 강의실보다는 학교 앞 골목에 있었다. 학업에 대한 열정보다는 사람과 술이 먼저였던 시절이라, 친구들과 어울려 학교 주변의 단골집들을 마치 내 집 안방처럼 드나들었다.

여름방학에는 해운대 해수욕장에서 특별한 아르바이트를 경험했다. 당시 백사장에는 평상을 깔고 튜브를 대여해주는 작은 천막들이 줄지어 있었는데, 한 지인의 요청으로 친구와 함께 이른바 '히파리'라 불리는 호객 일을 시작했다. 택시 승강장에서 내리는 손님들의 짐을 선뜻 받아 들거나 아이를 안아주며 자연스럽게 우리 천막으로 안내하는 역할이었다. 싹싹하게 움직인 덕분인지 우리 천막에는 유독 젊은 여성 손님들이 많아 주변의 부러움을 사기도 했다.

겨울방학이 되자 지금의 부경대 앞 레스토랑에서 웨이터로 일했다. 원래는 일손이 더 필요했지만, 상황이 여의치 않아 혼자서 17개의 테이블을 전부 감당해야 했다. 몸은 고됐으나 늘 만석은 아니었고 나름의 요령도 생겨 큰 실수 없이 서빙을 해냈다. 그때 사장님께서는 "너는 어디를 가도 잘 해낼 놈이다"라며 아낌없는 칭찬을 해주셨다. 시간이 흘러 지금 국밥집을 운영하며 손님들의 응대를 꽤 잘하는 것을 볼 때 '아마도 이 일이 내 천직은 아닐까?'라는 생각도 든다.

공부는 뒷전이고 아르바이트를 하며 너무 뜨겁게 논 대가는 확실했다. 결국 1학년 과정을 마친 뒤 유급을 당했고, 곧장 휴학 후 군대에 지원했다. 다행히 당시 2대 독자 특례가 있어 짧은 복무를 무사히 마칠 수 있었고, 1984년 3월 다시 학교로 복학하며 파란만장했던 방황의 마침표를 찍었다.

어머니와 함께찍은 대학입학사진

새로운 시작

새롭게 시작한 대학 생활은 82년도와는 많이 달랐다. 학원 민주화 운동에 대한 움직임이 서서히 생겨나고 있었다. 그리고 고등학교 선배이자 당시 학보사 편집국장을 맡고 있던 김무수 선배가 평소 민주적 의식을 가지고 있는 나를 포함한 몇몇 후배들과 그동안 언더에서 활동하던 몇몇 운동권 선배들과 함께 유스호스텔이라는 서클을 만들었다.

서클 결성을 위해 떠났던 작천정 수련회는 지금도 강한 기억으로 남아 있다. 수련회 중에 칠흑같이 어두운 밤에 숙소까지 한참을 걸어온 한 사내가 있었다. 북 하나를 등에 짊어진 채 나타났는데, 그가 바로 김종훈이었다. 우리에게 민중가요를 가르쳐주겠다며 그 먼 길을 밤새 걸어온 것이었다. 하지만 비장했던 첫 등장과는 달리, 그는 이미 어디서 술을 거하게 마셨는지 도착하자마자 그대로 곯아떨어지고 말았다. 그 모습을 보며 처음엔 '참 우락부락한 사람이구나!'라고 생각했다. 그때 맺은 인연은 수십 년의 세월을 건너 지금까지도 속 깊은 고민을 나누는 사이로 이어지고 있다.

이후 수년간 브니엘 고등학교 동문회는 울산대 학생 운동의 든든하고 적극적인 우군으로 자리매김하게 되었다. 나 또한 그간 가슴 한구석에 품고 있던 민주적 갈망이 비로소 제 길을 만났다는 확신을 얻었다. 신입생 시절의 방황을 뒤로하고, 나는 비로소 시대의 흐름에 몸을 싣고 적극적으로 그 길에 동참하기 시작했다.

총학생회 부활추진위원회(총추위)를 결성하고 위원장으로 활동

그해 가을의 초입, 캠퍼스에는 거대한 변화의 파도가 밀려오고 있었다. 당시 학교는 여전히 관변 단체인 학도호국단을 통해 학생들을 통제하고 있었다. 우리는 이를 해체하고 학생들이 진정한 주인으로 참여하는 민주적인 총학생회를 건설하기 위해, 그리고 비민주적인 행태를 보이던 학장의 퇴진을 요구하기 위해 '학원민주화추진위원회(민추위)'를 결성하기로 뜻을 모았다.

강한 탄압이 예상되는 상황이었기에 결성 과정은 치밀한 전략이 필요했다. 우리는 당시 학생들 사이에서 지지가 가장 높았던 '얼쑤' 공연을 거사(?)의 발판으로 삼았다. 공연이 끝나는 열기를 그대로 이어받아 현장에서 민추위 결성을 선포하고, 곧장 본관 6층 강당으로 진입해 점거 농성에 들어가는 것으로 계획을 세웠다.

낌새를 느낀 학교 당국의 집요한 방해 공작이 계속되었지만, 우리는 굴하지 않고 공연을 무사히 마쳤다. 공연장의 뜨거웠던 열기는 순식간에 결연한 의지로 바뀌었고, 우리는 계획대로 민추위 결성과 함께 본관 점거 농성까지 성공적으로 이어갈 수 있었다. 비로소 대학의 주인이 누구인지를 온몸으로 증명하기 시작한 긴박하고도 벅찬 순간이었다.

본관 6층 강당의 농성장은 우리에게 단순한 투쟁의 장소가 아니었다. 그곳은 민중가요와 해방춤을 익히고, 민주주의의 근본적인 철학을 치열하게 토론하며 익히는 또 하나의 '살아있는 학교'였다.

교정은 학도호국단 선거를 둘러싸고 팽팽한 긴장감에 휩싸였다. 당시 학도호국단 총학생장은 각 학과 학회장들이 선출되면 그들이 모여 뽑는 간접선거 방식이었는데, 우리는 이 비민주적인 구조에 정면으로 맞섰다. 그 저항의 상징으로 우리는 대학회관 앞에 처음으로 '자유의 벽'을 설치하고 대자보를 붙이기 시작했다.

학교 측과의 숨 막히는 숨바꼭질이 이어졌다. 우리가 대자보를 붙이면 학교에서 떼어내고, 우리는 그 자리에 다시 붙이기를 수없이 반복했다. 결국 우리는 붉은 락카로 벽면에 큼지막하게 '자유의 벽'이라 새기고 경고문을 붙인 뒤, 그 앞을 교대로 지키며 사수했다. 마침내 그곳은 누구도 함부로 건드리지 못하는 학생들의 소통 광장이자 민주주의의 성역이 되었다. 그럼에도 불구하고 학도호국단 총학생장 선거가 강행되어 우여곡절 끝에 선출되긴 했지만, 총학생회 부활과 학원민주화에 대한 열망은 누구도 막을 수 없게 분출되고 있었다.

이후 맞이한 긴 겨울방학은 내면을 채우는 시간이었다. 우리는 함께 모여 사회과학 서적들을 탐독하고, 학생 운동의 방향과 민주주의에 대해 밤샘 토론을 벌였다. 추운 겨울이었지만 시대의 아픔을 고민하는 열기로 가득했던 그 시간을 통해, 우리는 모두 이전보다 훨씬 깊고 단단해진 활동가로 성장해 나갔다.

그리고 봄이 찾아오고, 새 학기가 시작되자마자 우리는 겨우내 준비해왔던 '학도호국단 해체와 총학생회 부활 운동'을 본격적으로 전개하기 시작했다. 다행히 당시 학도호국단 총학생장으로 당선되어 있던 인물도 시대의 흐름과 개혁의 필요성에 공감하던 학생이었다. 그는 "새로운 총학생회가 구성되고 회장이 선출되는 즉시 자리에서 물러나겠다"라는 뜻을 밝혔고, 이로 인해 학교 측도 더 이상 이 변화를 막기 어려웠다.

이에 따라 각 학과 대표와 주요 서클 대표들이 모두 참여하는 확대 간부회의가 열렸다. 회의에서는 총학생회 부활을 추진하기 위한 공식 조직으로 '총학생회 부활추진위원회'를 결성하기로 뜻을 모았다. 위원장으로는 당시 학원민주화추진위원회(민추위) 위원장이던 내가 선출되었다.

위원회는 바로 활동에 착수했다. 먼저 학생회관 한켠에 작은 사무실을 마련했고, 그곳이 우리 운동의 본부가 되었다. 이후 홍보, 조직, 회칙제정 등 몇 개의 실무위원회를 구성하여 역할을 분담했다. 각 위원회는 학생들의 여론을 모으고, 학교 당국과의 협의 절차를 준비하며, 총학생회 부활을 위한 구체적인 실행 계획을 세워나갔다.

아, 광주여 민족의 십자가여!

1985년은 전국 대학가가 5·18 민주화운동의 진상 규명을 요구하며 연대와 투쟁의 물결로 들끓던 시기였다. 우리 학교 역시 그 흐름 속에 함께했다. 당시 우리는 광주의 진실을 알리기 위해 부산대학교 학생회를 직접 찾아가 관련 자료와 증언을 전달받았다. 부산대 학생들은 이미 정리된 유인물, 당시 희생자들의 기록, 언론이 다루지 못한 사진 자료 등을 제공해 주었고, 그 자료들은 곧 우리 학교 학생운동의 새로운 장을 열게 해주었다.

학교로 돌아온 우리는 캠퍼스 중앙에 있는 '자유의 벽'에 '광주의 진실'이라는 제목 아래 일련의 시리즈 게시물을 붙여 나가기 시작했다. 처음에는 5월 광주에서 일어난 사건의 개요를, 그다음에는 계엄군의 발포와 시민들의 항쟁, 그리고 언론 통제의 실상을 다루었다. 학생들은 게시물을 읽으며 충격과 분노, 그리고 연대를 다짐하는 눈빛을 보였다.

하지만 공개적으로 다루기 어려운, 보다 심각한 내용도 있었다. 계엄군의 만행이나 희생자의 구체적인 증언 등이었다. 그런 자료들은 나와 민추위 간부들이 내 자취방에서 밤새 등사기(손으로 돌리는 인쇄기)를 이용해 한 장씩 인쇄했다. 좁은 방 안은 잉크 냄새로 가득했고, 손은 까맣게 물들었지만 멈출 수 없었다. 그렇게 인쇄한 유인물은 새벽녘, 학생들이 등교하기 전 교실 책상 위나 강의실 문 앞에 조용히 배포되었다.

이어서 울산대 호남향우회와 손을 잡고 5·18 민주화운동 집회를 공동으로 개최했다. 그 행사는 단순한 추모의 자리가 아니라, 광주의 진실을 알리고 민주주의의 회복을 촉구하는 결의의 장이었다. 행사 이후 우리는 두 차례에 걸쳐 가두시위(가두진출)를 시도했다. 경찰의 제지로 완전히 돌파하지는 못했지만, 학생들의 결집력은 점점 강해지고 있었다.

마침내, 운명의 1985년 5월 24일이 찾아왔다. 그날은 우리 대학에서 두 가지 중대한 이슈중 하나인 총장 사퇴 요구를 내건 대규모 집회가 예정된 날이었다. 오전부터 교정은 팽팽한 긴장감으로 가득했고,

수천 명의 학생이 운동장으로 모여들었다.

결의문이 낭독되고 함성이 터져 나오자, 학생들은 자연스럽게 교문 밖으로 향하기 시작했다. 그리고 마침내, 몇 번의 경찰 방어선을 뚫고 시내로 진출하는 데 성공했다.

우리는 시청 앞 광장까지 행진해 들어갔고, 그곳에서 농성을 시작했다. 구호는 메아리처럼 울려 퍼졌고 긴장감 속에서도 분위기는 단단한 연대감으로 가득했다.

그때, 당시 울산대학교 총동창회 정갑윤 회장이 현장에 나타나 학생 대표들과 대화를 시도했다. 그는 지역 사회 차원에서 학교 문제 해결에 적극적으로 나서겠다는 약속을 전했고, 우리는 그 제안을 받아들여 시청 농성을 마무리했다.

학생 대열은 다시 옥교동, 당시 울산의 중심가이자 시민들이 모이는 거리로 향했다. 그곳에 이르러 우리의 구호는 뚜렷하게 바뀌었다.

"5·18 광주학살 진상규명하라!"

"책임자를 처벌하라!"

이제 우리의 외침은 학교 문제를 넘어, 광주의 진실을 밝히고 시대의 정의를 세우기 위한 함성으로 확장되고 있었다.

우리는 민정당사(민주정의당사)로 향했는데, 그 앞에는 이미 전경들과 백골단들이 배치되어 있었다. 그들은 완전한 진압 태세를 갖추고 있었고, 우리가 모습을 드러내자마자 격렬한 충돌이 벌어졌다. 학생들은 "광주의 진실을 밝혀라!"를 외치며 맞섰고, 전경들은 곧바로 사과탄(최루탄)을 무차별적으로 터뜨렸다. 순식간에 거리 전체가 하얀 연기에 휩싸였다. 눈이 따갑고 숨이 막혔지만, 누구 하나 쉽게 물러서지 않았다. 그러나 연기가 짙어지고 전경들이 공격하기 시작하자, 학생들은 흩어져 골목골목으로 피신하기 시작했다. 그 혼란 속에서 나 역시 급히 몸을 돌리려는 순간, 사과탄 파편이 다리에 박히며 피가 흘러내렸다.

다리를 절뚝이며 쫓기듯 골목을 빠져나가다 인근의 작은 병원으로 들어갔다. 심장이 요동쳤다. 경찰이 들이닥칠까 두렵기도 했고, 무엇보다 돈이 없다는 사실이 나를 더 초조하게 만들었다. 하지만 의사는 내 상태를 보더니 아무 말 없이 응급실로 데려가 파편을 제거하고 상처를 소독해 주었다. 그리고 그는 치료비도 받지 않았다. 그 덕분에 다친 다리를 간신히 감싸 쥐고 병원을 빠져나와, 숨을 몰아쉬며 학교로 무사히 돌아올 수 있었다.

총학생회 부활과 6월 항쟁

'총학생회 부활운동'의 결실로 마침내 초대 총학생회 선거가 치러지게 되었다. 그러나 선거를 앞둔 바로 그 시점, 나는 5·24 시위의 주동자로 지목되어 자취방에서 경찰에 연행되었다. 갑작스러운 연행 소식이 퍼지자 학교는 큰 혼란에 빠졌다. "총학생회 부활을 주도한 책임자가 잡혀갔다"라는 소식에 학생들은 분노했고, 선거를 준비하던 위원회도 술렁였다. 그런 분위기를 의식한 경찰은 나를 남부서로 데려가긴 했지만, 오래 붙잡아 두지 못했다. 조사 과정에서 한 형사가 "지하 고문실도 있지만, 이번엔 봐준다"라고 협박하듯 말하며 겁을 주었고, 얼마 지나지 않아 나를 풀어주었다. 아마도 학교 내 분위기가 들끓는 상황에서 무리하게 나를 구속하기 어려웠을 것이다. 그렇게 나는 가까스로 석방되어 학교로 돌아올 수 있었다.

곧이어 총학생회 선거가 무사히 마무리되었고, 첫 번째 총학생회장이 탄생했다. 그로써 우리 학교에도 학생 자치의 제도적 틀이 되살아났고, 새 회장은 2학기부터 공식 임기를 시작했다. 이 모든 과정을 지켜보며, 지난 몇 년간의 투쟁이 헛되지 않았다는 사실에 가슴이 벅찼다.

총학생회가 출범한 이후, 나는 다시 한번 학생사회의 자치 기반을 다지기 위해 서클연합회 회장으로 출마하여 선출되었다. 각 동아리와 학회, 문화서클이 학교 안에서 자유롭게 활동할 수 있도록 제도적 기반을 마련하는 것이 내 역할이었다.

그 시기는 학생 운동뿐 아니라, 사회 전반에서 민주화 열기가 고조되던 때였다. 캠퍼스 곳곳에서 토론회와 시국선언이 이어졌고, 우리 서클연합회도 자연스럽게 그 중심에 서게 되었다.

그렇게 활동하던 1986년 말, 나는 결국 제적 처분을 받았다. 제적 후 나는 당시 많은 선배가 그랬던 것처럼 노동 현장으로 들어가야겠다는 결심을 했다. 노동운동 준비팀에 합류했지만, 몇 달 후 내부적 어려움으로 팀이 해체되었다. 계획이 무너지고 갈 곳을 잃은 나는 결국 부모님이 계신 부산으로 내려갔다.

마침 1987년 6월 항쟁, 그 역사적인 격동의 순간을 가장 치열했던 도시 부산의 한복판에서 맞이하게 되었다. 거리마다 "호헌철폐, 독재타도!"의 함성이 메아리쳤고, 도심 전체가 들끓는 열기 속에 있었다.

서면 근교의 한 대학에서 2~30명이 모여 행진을 시작하면 어느 새 수천 명으로 시위 군중이 늘어났다. 전경, 백골단과의 치열한 싸움에 밀리기도 했지만, 흩어지지 않고 새벽까지 토론과 시위를 이어갔다. 나는 잘 모르는 사람들이지만 마치 오랜 동료처럼 함께 질주했다.

그때 장면 중 지금도 잊을 수 없는 한순간이 있다. 서면에서 돼지갈비집을 운영하던 어머니가 시위대를 향해 만 원짜리 지폐를 던지며 "밥이라도 사 먹어라!" 하고 외치던 모습이었다. 그 돈은 단순한 금전이 아니라, 억눌린 세월 속에서 민주화를 염원하던 한 세대의 응원이자 어머니의 눈물 어린 지지였다. 그 모습을 본 나는 가슴이 뜨겁게 달아올랐고, '이 싸움은 우리만의 싸움이 아니구나'라는 것을 온몸으로 느꼈다.

6월 항쟁은 결국 국민적 승리로 귀결되었다. 직선제 개헌이 수용되면서 전국의 대학가에도 변화의 바람이 거세게 불었다. 그 결과, 나를 비롯한 많은 제적 학생들이 시국관련 복교 조치로 학교로 돌아올 수 있게 되었다.

그해 가을, 복교 이후 처음으로 치러진 총학생회 선거는 그 어느 때보다 뜨거웠다. 전해에 출마했었던 정대연이 총학생회장 후보, 나는 부총학생회장 후보로 러닝메이트로 출마했다. 선거운동 기간 내내 캠퍼스는 다시금 열기로 가득 찼고, 학생들은 민주화의 주역으로서 새로운 시대를 꿈꾸고 있었다. 결국, 우리는 압도적인 지지로 당선되었다. 그 순간은 단지 선거의 승리가 아니라, 87년 항쟁의 정신이 교정 위에서 다시 살아난 상징적인 순간이었다.

시국관련 복교를 하고 대학으로 돌아와서, 87년말 88년도 총학생회 선거가 조기선거로 치러짐.
첫번째 민주총학 당선됨.

내 인생 가장 뜨거웠던 시절

내 인생에서 가장 뜨겁고 격동적이었던 시기는 1987년 대통령 선거부터 1988년에 이르는 시간이었을 것이다. 그때의 공기는 마치 온 나라가 들끓는 용광로 같았다. 1987년 6월 항쟁의 성과로 직선제 개헌이 이루어졌고, 마침내 국민이 직접 대통령을 뽑을 수 있는 시대가 열렸다. 그러나 민주화의 새벽이 밝자마자, 우리는 또 다른 현실의 벽에 부딪혔다. 김대중 후보와 김영삼 후보의 단일화가 끝내 무산되면서, 민주세력은 둘로 갈라졌고 선거전은 복잡하고 긴장된 국면으로 치닫고 있었다. 한편, 민중운동 진영에서는 백기완 선생님이 '민중후보'로 출마를 선언하며 새로운 선택지를 제시했다.

이러한 전국적 흐름 속에서 우리 총학생회 또한 어떤 입장을 취할 것인가를 두고 깊은 고민에 빠졌다. 회의는 밤을 새워 이어졌고, 토론의 열기는 어느 때보다 치열했다. 내심 현실적인 선택으로 김대중 후보에 대한 비판적 지지가 필요하다고 보았으나, 공식적으로는 후보 단일화 촉구를 중심으로 한 연대 투쟁이 총학생회의 방침으로 정리되었다.

우리의 목표는 단 하나였다. 군사독재정권의 종식과 진정한 민주화의 실현. 그 결의를 행동으로 옮기기 위해 모든 강의실을 돌면서 학우들의 참여를 호소했다. 많은 갈채속에 각 학과는 압도적 표결로 기말고사 거부를 결의했다. 그리고 학교정문에서, 대통령 후보들의 유세장에서. 시내곳곳에서 "대동 단결!", "독재 타도!"의 구호를 외쳤다. 그 자리에는 항상 천여 명이 넘는 학생들이 함께했다.

또한 우리는 시민사회·종교계가 중심이 된 국민운동본부와 연대하여 전국적인 민주화 요구의 흐름에 동참했다. 투쟁의 열기는 날이 갈수록 높아졌고, 결국 우리 학교에서는 사상 초유의 도서관 점거 농성이 벌어졌다.

그러나 투쟁이 격화되던 어느 날, 정대연 총학생회장이 임기를 시작하자마자 구속되었다. 그로 인해 나는 부총학생회장으로서 총학생회장 권한대행을 맡게 되었고, 이후 1년 동안 그 책임을 온전히 짊어져야 했다.

대통령 선거일이 가까워지자, 전국의 대학가에는 다시 긴장감이 감돌았다. 그때 울산 출신의 다른 지역 대학생들이 하나둘씩 우리 학교 총학생회를 찾아왔다. 그들은 '고향의 부정선거를 막겠다'라며, 자발적으로 부정선거감시단 활동에 참여하고자 했다. 우리 총학생회는 즉시 이들을 맞이해 부정선거 대응 교육을 진행했다. 투표소 감시 요령, 현장 상황 보고 체계, 신고 절차 등을 세밀하게 숙지시킨 뒤, 각 감시단원을 울산 전역의 투표구별로 배치했다.

마침내 운명의 선거일이 밝았고 총학생회 사무실은 전쟁터 같았다. 설치해둔 전화기 다섯 대가 쉴 새 없이 울렸고, '부정투표가 목격됐다.', '공개투표가 진행되고있다.', '유권자 명부가 맞지않다'라는 신고가 폭주했다. 전화선이 녹아내릴 듯했고, 우리가 미리 구성해둔 기동팀 몇 조로는 도저히 감당할 수 없는 상황이었다. 현장에 나간 감시단 학생들의 보고는 점점 절박해졌다. 어떤 곳에서는 교묘한 릴레이 투표 정황이 의심되었고 다른 곳에서는 노골적인 공개투표 행위가 이루어졌다. 감시단 학생들은 눈물을 흘리며 투표함 앞을 막아섰다. 그러나 노력에도 불구하고, 그날의 선거는 결국 우리가 두려워하던 방향으로 흘러갔다. 개표 결과, 노태우 후보가 당선되었다.

부정선거 규탄 투쟁

개표가 시작되자마자, 전국이 술렁였다. 서울 구로구청에서 부정선거 사건이 터진 것이다. 이미 여러 지역에서 조직적 부정선거 정황이 감지되고 있었지만, 구로구청에서 드러난 상황은 그야말로 국민적 분노를 폭발시키기에 충분한 심각한 수준이었다.

"이대로 침묵할 수 없다. 직접 행동에 나서야 한다."

결국 우리는 부정선거 규탄 기습시위를 결의했다. 다음 날 오후 6시, 울산 역전시장에서 행동에 나서기로 했다. 나는 이미 마음을 단단히 먹고 있었다. '이번엔 구속될 수도 있겠다.'라는 생각이 들었다. 그래서 그날 오후, 옥교동 목욕탕에 들러 깨끗이 몸을 씻었다. 속옷도 새것으로 갈아입고, 마지막이라 생각하듯 묵직한 마음으로 준비했다. 시장으로 향하는 발걸음은 묘하게 차분하면서도 떨렸다.

역전시장에 도착하니, 평소처럼 분주한 시장의 일상 풍경이 펼쳐져 있었다. 생선 냄새, 사람들의 흥정 소리, 그 평화로운 풍경 속에서 곧 일어날 일을 아무도 눈치채지 못하고 있었다. 나는 미리 정한 시위 시작 지점을 한눈에 볼 수 있는 다방 계단 위에 올라서서 시계를 보며 초조하게 시간을 기다렸다. 심장이 요동쳤다. 그때 옆에 있던 후배가 내 귀에 속삭였다.

"형, 시간 됐습니다."

나는 계단을 내려와 시장 한가운데 도로 중앙으로 뚜벅뚜벅 걸어 나갔다. 주변 상인들이 '저 학생이 뭐 하는 거지?'라는 눈빛으로 힐끗 쳐다보았다. 몇몇 골목에는 미리 자리 잡은 후배들의 모습도 보였다. 숨을 크게 들이마시고, 나는 온몸의 힘을 실어

"부정선거 규탄한다!"

라고 외쳤다. 그 순간, 사방에서 유인물이 하늘로 흩날리며 쏟아져 내렸다. 어디선가 달려 나온 학생들이 모여들어 순식간에 100여 명이 넘는 인파가 형성되었다. 놀란 상인들이 장사도 멈춘 채 그 광경을 바라보았다. 우리는 구호를 외치며 시계탑 사거리를 향해 행진을 시작했다.

이후 시위는 '숨바꼭질 시위'로 이어졌다. 경찰의 추적을 피해 골목골목을 누비며 야음시장을 지나, 지금의 동서오거리 부근까지 이동했다. 하지만 결국 경찰의 포위망이 좁혀왔다. 달아나던 중 막다른 골목

에 다다랐다. 그때, 오른편에 열린 대문 하나가 눈에 들어왔다. 망설일 틈도 없이 그 안으로 뛰어들어가

"저 대학생인데요, 경찰에게 쫓기고 있습니다. 제발 숨겨주세요!"

라고 간절히 말했다. 놀란 집주인은 잠시 나를 바라보다가

"어서 이리 와요."

하고는 다락방 문을 열어 숨겨주었다. 얼마 지나지 않아 밖에서는 경찰들의 목소리가 들려왔다.

"분명히 이쪽으로 들어왔는데…."

그들은 주변을 두리번거리며 투덜대다가, 결국 발소리를 멀리 남기며 사라졌다.

한참 동안 숨죽여 있던 나는 다락문을 열고 내려오자, 그 집주인 부부가 간단한 간식을 내주었다. 그 따뜻한 호의에 가슴이 먹먹해졌다. 잠시 몸을 추스른 뒤, 그분들의 배웅을 받으며 조심스레 골목을 빠져나와 무사히 학교로 돌아올 수 있었다. 그날 이후 나는 겨울방학내내 총학생회 사무실에서 생활했다.

총학생회 활동과 첫 번째 구속

1988년의 총학생회 활동은 울산대학교 학생 운동의 전성기를 여는

출발점이었다. 그해의 캠퍼스는 이전보다 훨씬 조직적이고, 뜨겁고, 치열했다. 그 중심에는 단연 5·18 광주민주화운동 진상 규명 투쟁이 있었다. 그해 5월, 울산대 총학생회는 '광주의 진실을 밝히자'라는 기치 아래 다양한 행사와 투쟁을 전개했다.

수많은 학생이 자발적으로 참여해 5·18의 정신을 계승하고, 민주주의의 완성을 향한 의지를 다졌다. 동시에 한국 사회의 근본적인 모순인 분단을 넘어서기 위해 통일에 대한 요구가 분출하였다. 그리고 5월 18일, 광주 금남로에는 전국의 대학생들이 모였다. 전국대학생대표자협의회(전대협)가 주최한 대규모 집회에서 학생들은 하나 된 목소리로 외쳤다.

"5월에서 통일로 총진군하라, 백만학도여!"

그날, '광주의 의미를 통일의 정신으로 발전시키자'라는 결의와 함께 남북 학생회담 추진 선언이 발표되었다. 그 순간은 한국 학생 운동의 새로운 장, 통일운동의 서막을 알리는 역사적인 순간이었다. 이후 전대협은 전국을 순회하며 통일 선봉대 활동을 전개했다. 판문점으로 향하는 통일 행진을 준비했고, 그 과정에서 전국 각지에서 크고 작은 투쟁이 이어졌다. 울산대 학생들은 그중에서도 단연 돋보였다.

"울산대 학생들은 용감하다."

그런 평가가 자연스레 따라붙었다. 실제로 몇몇 학생들은 경찰의 저지를 뚫고 임진각까지 진출하는 놀라운 결과를 만들어냈다.

　그러나 그 치열한 과정에서, 나는 결국 첫 번째 구속을 당하게 되었다. 체포된 뒤 울산경찰서 유치장에서 조사를 받으며 구속기간이 연장되었고, 이후 검찰 송치 절차에 따라 남부서 대용감방으로 이감되었다.

　이감 과정에서 폭행을 당했다. 남부서 전투경찰들이 둘러싸더니 나에게 집단 구타를 가했다. 주먹과 발길질이 쏟아졌고, 나는 그대로 바닥에 쓰러졌다. 온몸이 멍투성이가 되었고, 감방에 도착해서는 며칠 동안 제대로 일어나지도 못했다. 그곳의 환경은 말 그대로 지옥문이 열린 듯한 공간이었다.

　하지만 그곳에서도 뜻밖의 인연이 있었다. 내가 도착하기 전, 나의 석방 투쟁을 하다 먼저 잡혀 온 김창원이 이미 그곳 대용감방의 방장과 친분을 쌓아두고 있었다. 그는 내가 그 방장의 후배가 있는 방으로 배정된 것을 알고, 미리 "그 친구는 내가 아는사람이니 잘 봐줘라"라고 부탁해 두었다. 덕분에 나는 더 이상의 폭행이나 괴롭힘 없이 다친 몸을 겨우 눕힐 수 있었다.

　감방에서의 시간은 느리게 흘렀다. 그 속에서 나를 지탱해 준 것은 단 한 권의 책이었다. 바로 김남주 시인의 『나의 칼, 나의 피』. 그 시집은 마치 나의 내면을 꿰뚫는 듯했다. 나는 시를 한 편 한 편 음미하면서 마음을 다스렸고, 결국엔 몇몇 시를 통째로 외워버릴 정도로 몸에 새겼다.

가끔은 감방 구석에서 정태춘의 '떠나가는 배'를 작게, 아주 작게 흥얼거리기도 했다. 그 노래는 절망 속에서도 다시 세상을 향해 나아가고자 하는 한 인간의 의지를 대변하는 듯했다.

돌이켜보면, 나는 어쩌면 적응력 하나만큼은 남들보다 강한 사람이었던 것 같다. 그 답답하고 어두운 남부서 대용감방 안에서도, 나는 여러 사람과 어울렸다. 그곳에는 정말 다양한 사람들이 있었다. 그중에서도 특히 기억에 남는 인물이 있다. 등판에 거대한 관세음보살 문신을 새긴, 필로폰 일제 단속에 걸려 들어온 카바레 사장이었다. 그는 내게

"학생, 여기서 나가면 뭐 할 거야?"

내가 웃으며

"글쎄요, 다시 공부해야죠."

라고 대답하자, 그는

"전과자 되었다고 갈 데가 없으면 내 카바레로 와. 내가 밥 먹여줄게."

라며 너털웃음을 지었다. 그리고는 어느 날, 감방 바닥에 분필로 스텝 선을 그려놓고 직접 나에게 춤을 가르쳐 주기도 했다.

감방 안에는 현대중공업 노동운동으로 구속된 이들도 있었다. 그들

은 나에게 감옥 생활의 요령, 이른바 '슬기로운 감방 생활'을 알려주며 많은 위로가 되어 주었다. 그중 몇몇은 노옥희 선생님의 감옥 투쟁 이야기를 들려주었다.

시간은 그렇게 흘러, 나는 결국 집행유예 판결을 받고 약 80일 만에 석방되었다. 학교로 돌아왔을 때, 총학생회는 든든히 자리를 지키고 있었다. 내가 감옥에 있는 동안 총무부장 지진하가 권한대행을 맡아 모든 일을 책임감 있게 이어가고 있었고, 문화부장 김종훈은 투쟁의 현장에서 학생들을 모으는 역할을 해냈다. 또 사회대 학생회장 전제혁은 언제나 현장의 중심에서 함께했고, 대의원회 부의장 신성봉은 총학생회를 정치적으로 단단하게 뒷받침했다.

그리고 이듬해 총학생회장으로 당선된 천병태가 있었다. 그는 내가 감옥에 있을 때부터 늘 곁에서 후배들을 챙기며 '다음 총학생회 건설의 중심'이 되어 있었다.

그렇게 1988년의 울산대 총학생회는 서로를 믿고, 함께 싸우며, 하나의 공동체로 성장했다. 그 시절의 동지들은 지금도 내 마음속에 가장 뜨겁고 아름다웠던 이름들로 남아 있다.

새날여는 청년회 창립과 총학생회 복귀

총학생회 임기를 마친 뒤, 비록 학업은 남아 있었지만, 머릿속에는 이미 또 다른 길이 열리고 있었다. 그것은 바로 청년운동이었다. 1980년대 후반, 민주화운동이 일정한 성과를 거둔 이후 사회 전반에는 '이제는 청년이 직접 사회 변화를 이끌어야 한다'라는 흐름이 형성되고 있었다. 그 무렵, 나와 뜻을 같이했던 동지들이 있었다. 감옥에서 석방된 정대연, 추일천, 신성봉, 그리고 당시 노동자 교육기관이었던 민족학교의 졸업생과 교사였던 김창현, 손성수 등이었다.

그리하여 우리는 1989년 울산에서 '새날여는 청년회'를 창립했다. 이름 그대로, 닫힌 시대의 어둠을 걷고 새로운 날을 여는 세대의 모임이었다. 나는 홍보부장을 맡았고, 또 신입회원 교육을 담당해 청년들과 사회에 대한 인식, 올바른 삶의 방향을 함께 나누었다.

한편으로 나는 오랫동안 마음속에 품어왔던 또 하나의 꿈을 놓지 않았다. 그것은 영화를 통한 사회적 소통이었다. 그래서 청년회 활동과 병행하며 '이제는 꼭 영화 관련 동아리를 만들어야겠다'라고 결심했다.

결국 뜻이 맞는 몇몇 회원들과 함께 영화 동아리를 창립했다. 비록 장비도, 공간도 부족했지만, 그 작은 모임에서 나는 세상과 인간을 바라보는 또 다른 눈을 배우게 되었다. 그 경험을 바탕으로 몇 년 후에는 보다 대중적인 영화 감상 동호회인 '영화마을'을 창립했고, 회장을 맡게 되었다. '영화마을'은 당시 울산 지역에서 보기 드문 영화감상 모임으로, 회원들과 함께 정기적인 영화 감상회를 열고, 토론회나 감독 초청 행사도 진행했다. 특히 한 번은 이장호 감독을 초청하여 대화의 장을 마련했는데, 당시로서는 매우 뜻깊은 시도였다. 우리 스스로 두 편의 짧은 다큐멘터리 영화도 제작했다. 당연히 완성도는 높지 않았고, 시간이 지나면서 자료는 모두 소실되었다.

그렇게 청년회 활동에 전념하던 나는, 1989년 여름방학이 끝나갈 무렵, 다시 한번 캠퍼스로 돌아가야 했다. 당시 학교는 노학연대투쟁 (노동자-학생 연대운동)으로 집중적인 탄압을 받고 있었다. 결국 총학생회장 천병태, 문화부장 김종훈 등 주요 간부들이 한꺼번에 연행되어 구속되면서 학생회는 사실상 공백 상태가 되었다.

나는 새날여는 청년회 동지들에게 양해를 구하고 학교로 복귀했다. 혼란스러운 조직을 다시 세우기 위해 학생회를 정비하며, 다가오는 총학생회 선거 준비에 나섰다. 그해 선거에서 나는 최석환 후보의 선거대책본부장(선대본부장)을 맡아 선거를 진두지휘했고, 그는 마침내 당선되어 총학생회장이 되었다. 이후 나는 인권복지위원장으로 임명되어 총학생회를 엄호하고, 구속자 후원 및 학생 복지 문제를 총괄하는 역할을 맡았다.

1990년, 인권복지위원장으로서의 나는 구속자 후원 활동과 더불어 학생 생활 문제를 주요 과제로 삼았다. 그중에서도 가장 치열했던 싸움이 바로 '밥값 투쟁'이었다. 당시 학교 주변 식당들이 담합을 통해 밥값을 일제히 인상하자 학생들의 불만이 폭발했다. 나는 즉시 총학생회와 함께 행동에 나섰다. 교문 앞에서 밥값 담합 규탄 시위를 벌이고, 학교 안으로 밥차를 불러 불매운동을 전개했다. 식당 주인들과의 협상은 밤을 새우는 마라톤이었다. 끝내 새벽 2시경, 비빔밥과 볶음밥값을 기준으로 인상 상한선을 제한한다는 합의문에 서명하며 긴 싸움이 마무리되었다. 시간이 지난 뒤 학생들에게 "가장 기억에 남는 일이 뭐냐"라고 물으니, 대부분이 한결같이 "밥값 투쟁이요!"라고 대답했다. 그 말이 그 어떤 성과보다 값지게 느껴졌다.

그 무렵, 구속자 후원 활동에 누구보다 열정적이던 서근수가 어느 날 나를 찾아왔다.

"형, 구속자 후원기금 마련으로 우리밀 햄버거 판매를 해보고 싶어요."

좋은 취지였기에 나는 흔쾌히 부스를 마련해주었다. 당시 '우리밀 살리기 운동'을 이끌던 윤운용 선배를 소개해 햄버거 공급도 연결했다. 하지만 안타깝게도 장사는 잘되지 않았고, 결국 햄버거 대금이 외상으로 남는 바람에 손실 처리를 해야 했다. 그 일은 졸업 후에도 두고두고 회자되었다. 윤운용 선배는 지금도 나를 보면 웃으며 "야, 햄버거값 내놔라!" 하고 농담을 던지곤 한다.

이듬해 나는 4학년 2학기, 대학 생활의 마지막 단계를 맞이했다. 그때 우리는 같은 학년 동지들과 함께 '애국적 사회진출 운동'이라는 이름으로 새로운 프로그램을 기획했다. 졸업 후 각자가 사회의 현장에서 어떻게 시대의 변화를 이어갈 것인가를 모색하는 과정이었다. 교육 강좌와 토론회를 열며 문제의식을 공유했지만, 본격적인 활동으로 이어지기보다는 의미 있는 문제 제기와 인식 확산의 수준에서 마무리되었다.

2 장

새날여는 청년회와 남구 의회 의원 활동

새날여는 청년회 복귀 그리고 아내와의 만남과 결혼

1991년 2월 졸업을 하루 앞두고 가까운 사람들과 한잔하고 청년회 사무실에 복귀 인사 겸 간부들과 한잔하려고 들렀다가 언젠가 한번 본 적 있는, 한눈에 확 들어오는 여성회원을 만나게 되었다. 김정희란 이름의 여성이었는데, 그녀 역시 대학을 막 졸업하고 울산으로 돌아온 참이었다. 다음 날 학교에서 졸업식을 마치고 친구들과 어울려 성남동에서 한잔하려고 기웃기웃하는데 다시 김정희 일행을 만나게 되었다. 서로 일행이 거의 다 같이 아는 사람들이어서 함께 한잔하게 되었다. 끝나고 청년회 간부에게 김정희에 대해 물어보기도 했을 정도로 관심이 갔다.

졸업과 함께 청년회로 복귀한 나는 강경대 열사. 노개투 정국 등에 투쟁위원장을 맡아서 집회 참여와 적극적인 홍보활동을 전개했다. 특히 2인 1조로 팀을 나누어 홍보물을 울산 전역에 배포하였는데, 우연인지 내 의도가 깔렸는지 기억은 안 나지만, 나와 김정희가 한 조가 되어 홍보활동을 하게 되었다. 마친 후 소주나 한잔하자고 하고 주머니 톡톡 털어 통닭 반 마리를 안주로 소주 1병을 마시면서부터 서로 많은 이야기를 나누었다. 다음에 부산에 둘이 함께 놀러 가기로 약속도 하며 그날부터 사귀기 시작했다.

95년 2월 결혼식사진

그리고 당시로서는 약간 늦은 나이인 33살에 김정희와 결혼을 하였다. 연애 시절 거의 이게 연애인지 헷갈릴 정도로 늘 보면서도 둘만의 시간은 항상 부족했었다. 그러다 보니 우여곡절도 많았다. 나는 너무 바쁘게 다녔고, 수중에 돈도 한 푼 없었다. 그래서 늘 미술교습소를 운영하던 김정희가 밥값 술값을 모두 내는 연애를 했으니 많이 답답하고 힘들기도 했으리라. 그런데 주변에서는 "위원장님이 저렇게 애쓰는데 니가 잘 배려해야지"라는 식의 압박도 많았으리라 짐작된다. 그래서 술 한잔하다 보면 김정희는 자주 눈물을 흘렸다.

김정희는 이화여대 미술대학을 졸업하고 울산으로 돌아왔으며, 청년회 활동을 열심히 하는 사람이었다. 대학 때도 미술대 학생회 학술부장 등을 맡으면서 유홍준 교수 강연회도 열고 서울지역 연합집회에 참여하는 등 학생 운동에도 열심이었다.

졸업 후에는 울산에서 미술교습소를 차려 운영하면서 청년회 활동도 하였는데, 나랑 사귀면서 고민도 많았을 것이다. 결혼 시기가 다가오면서 그녀의 집에서는 잘 나가는 신랑감과 선보라고 하는 등, 재촉이 심했다고 한다. 하지만 막상 그녀의 부모에게 나를 소개하기란 쉽지 않았다. 통상적인 직업도 돈도 없는 사람을 어떻게 부모님께 소개해야 할지 막막하기만 했을 것이다.

중간에 김정희와 헤어진 적이 있는데 청년회 안쪽에서 들리는 그녀

특유의 웃음소리가 들릴 때마다 가슴이 쿵쾅대고, 자꾸 그쪽으로 귀 기울이게 되었다. 그해 크리스마스에 저녁에 다시 만나려고 시도하려 다가 포기하고 막상 일정이 없어져서 청년회 사무실에 혼자 앉아 있던 기억도 난다. 지금은 아무것도 아니지만, 그때는 얼마나 쓸쓸한 느낌 이었는지 기억이 또렷하다.

그럼에도 불구하고 1995년 2월 19일 결혼에 성공했다.

새날여는 청년회 활동

◉ 청년회 반지사건

'새날여는 청년회'와 함께했던 시간은 내 인생에서 가장 찬란하게 빛 나던 시기였다. 그 시절, 빛나는 청춘들이 모여 그려낸 풍경은 하나하나 가 깊은 감동이었지만, 그중에서도 유독 가슴 깊이 남은 기억은 우리가 모두 참 좋아했던 면기 형과 희수 누님 부부의 이야기다. 형은 언제나 마음 한구석을 넉넉히 비워두고 누구든 기댈 수 있게 따뜻한 품을 내어 주던 그런 사람이었다.

청년회라는 조직이 대개 그렇듯, 주머니 사정이 뻔한 청년들의 회비만 으로는 사무실 마련 같은 큰 비용을 감당하기에 역부족이었다. 우리는 대대적인 모금 운동을 시작했고, 면기 형과 희수 누님 내외도 도울 방법을 찾느라 고민했다. 워낙 형편이 어려울 때라 형님 내외는 고민에 고민을 거듭하다, 결국 자신들의 소중한 결혼반지를 모금함에 내놓았다.

새날여는 청년회를 준비하던 야유회에서 내가 없는 사진 한 컷,
뒷줄 왼쪽에서 두번째가 아내인 김정희다.

그 소식을 들은 우리는 형언할 수 없는 감동과 미안함에 모두가 눈물을 쏟았다. "절대로 그럴 수 없다"라며 극구 사양했지만, 두 분의 완강한 고집을 꺾을 수는 없었다. 결국 반지를 받아 든 우리는 다시 머리를 맞댔다. 뜻있는 회원들이 정성을 모아 그 반지를 직접 사기로 한 것이다. 모금 활동을 마무리하던 날, 모두가 한자리에 모인 자리에서 우리는 두 분께 다시 그 결혼반지를 깜짝 선물로 되돌려 드렸다. 그 벅찬 감동의 순간은 '새날여는 청년회'가 어떤 마음과 사랑으로 뭉쳐진 곳인지를 보여주는, 내 인생 최고의 기억으로 남아 있다.

또한 청년회가 주최한 '청년 강좌'는 막 노동운동에 발을 들이던 수많은 노동 청년들의 소중한 배움터가 되었다. 강좌는 횟수를 거듭할수록 활기를 띠며 문전성시를 이루었다. 강연이 끝나면 소그룹으로 모여 서로의 고단한 삶을 나누기도 하고, 때로는 특정 주제를 두고 밤새도록 치열한 토론을 벌이며 함께 성장해 나갔다.

공식적인 모임이 끝나면 열기는 뒤풀이 장소로 이어졌다. 대성파전, 빈대떡집, 닭갈비집은 물론이고, 특히 친구 이정희가 성남동 한복판에서 운영하던 '날마다 주주총회'는 우리의 아지트였다. 우리는 날마다 그곳들을 휩쓸며 막걸리 한잔, 맥주 한잔에 시대의 아픔과 청춘의 희망을 섞어 마셨다. 그렇게 우리의 젊은 열정은 성남동의 밤하늘을 뜨겁게 달구곤 했다.

이렇게 강좌가 끝나게 되면 많은 분이 청년회 회원으로 참여하였는데, 청년회에는 다양한 동아리들이 있어서 선택의 여지가 많았다. 노동동아리, 역사 동아리, 여성 동아리, 독서 동아리, 노래 동아리, 풍물 동아리, 영화 동아리, 문예 동아리, 등산 동아리인 국토사랑 동아리 등이 있었다.

이런 과정을 통해 청년운동의 역량이 크게 성장하였지만, 또 한편으로는 당시 치열하게 진행되던 노동운동의 영역에서 볼 때 너무 느슨하다는 비판도 있었다.

그래서 점차 청년회 자체 활동의 영역에서 벗어나 지역 활동에 선봉대적인 활동을 높이기 위해 지역 현안에 대한 홍보활동을 적극적으로 진행했다. 워낙 탄압이 심한 시절이라 밤에 모여 유인물을 우편 봉투 같은 곳에 넣고 배낭에 담아서 철시한 상가, 주택가 가정집 등지에 밀어 넣는 일이 일상이었다.

밤늦게 주택가를 순회하다가 갑자기 주민을 만나게 되면 어쩌나 하는 걱정이 컸고, 어떨 때는 개가 짖기도 했는데, 한 집에서 짖기 시작하면 온 동네 개가 다 짖는 바람에 빨리 빠져나갔던 기억도 난다.

◉ 새날여는 청년회 회장 취임과 두 번째 구속

91년 가을 나는 새날여는 청년회 회장으로 취임하였고, 전국적인 전선 운동 논의가 진행되면서 울산에서도 전선 운동체인 울산연합을 결성하기로 의견을 모았다. 준비 단계에서 집행위원장을 맡았던 노옥희 선생님에 이어 초대 집행위원장을 맡았다. 고 최현오 전국학부모회 회장님 등이 의장을 맡아주셨고 감옥에서 석방되어 나온 천병태가 사무국장을 맡았다.

91년 범민련 구성과 범민족 대회를 시작으로 본격적인 통일운동을 대중적으로 진행했다. 그리고 이 해에는 첫 지방의회 의원선거가 진행되었다.

92년 여름 두 번째 범민족 대회를 홍보하기 위한 캠페인을 진행하던 중 또다시 경찰에 연행되고 두 번째로 구속이 되었다. 단순 캠페인 수준의 행사를 무리하게 구속까지 시킨 전형적인 군사독재정권의 탄압이었다. 내가 구속된 이후 서울의 범민족 대회 역시 경찰들의 원천봉쇄 방침에 따라 온 도시가 최루탄으로 가득할 지경이었다.

두 번째 구속 때는 이제는 절대로 경찰이나 간수들에게 당하지 않겠다고 단단히 결심하고 들어갔는데 오히려 아무런 폭력이 없어서 의아하게 생각했다. 큰 문제 없이 슬기로운 감방 생활을 마치고 청년회로 복귀하였다.

이후 95년 민족공동행사 등 굵직굵직한 대회들의 집행위원장과 민족회의 집행위원장 등을 맡으며 통일운동에 매진했다.

◉ 통일에 대한 나의 생각

한반도의 통일을 바라보는 시선에는 참으로 복잡다단한 감정들이 교차한다. 과거에 비해 통일에 대한 절박함은 점차 희미해지고 있으며,

젊은 세대 사이에서는 통일을 오히려 현실적인 불편함이나 부담으로 여기는 정서도 나타나고 있다.

돌이켜보면 80년대에는 텔레비전 앞에 모여 이산가족 상봉 장면을 보며 온 국민이 함께 눈물을 흘렸고, 2000년대 남북 정상이 만나 감동적인 역사를 써 내려갈 때는 "그래, 이미 마음으로는 통일이 되었다"라며 벅찬 희망을 나누기도 했다. 그러나 오늘날 우리 사회는 '통일'이라는 거대 담론보다는, 당장의 충돌을 막는 '평화'라는 가치에 더 큰 방점을 찍고 있는 듯하다.

현재의 분단 문제는 단순히 남북만의 이슈를 넘어 복잡한 국제 역학 관계 속에 놓여 있다. 특히 북한과 미국의 관계 개선 없이는 실마리를 풀기 어려운 구조적 한계가 존재한다. 그렇기에 이재명 대통령 역시 북미 관계의 매듭을 푸는 것을 외교의 핵심 과제로 여기고 있는 것으로 보인다.

하지만 상황은 낙관적이지만은 않다. 미국의 트럼프 대통령이 보여주는 자국 우선주의적 행보와 더불어, 미국이 동북아 전략의 기본 축을 중국에 대한 압박과 견제에 두고 있는 한 통일의 물꼬를 트기는 쉽지 않아 보인다. 북한 또한 미국과 한국을 향해 매우 강경한 입장을 고수하고 있으며, 최근에는 대남 정책 기조를 '하나의 조선'에서 '두 국가'

로 전환하며 긴장감이 계속되고 있다.

이러한 위기 국면 속에서 지금 우리가 견지해야 할 우선적 가치는 한반도의 평화를 해치는 그 어떤 행위에도 반대하며, 평화적 상태를 견고하게 유지하는 실질적인 접근이다.

그럼에도 불구하고 우리는 민족의 동질성과 통일을 향한 뜨거운 마음을 잃지 말아야 한다. 지금은 미·중을 중심으로 한 진영 간 대결이 격화되고 있으나, 그 이면에는 각국의 생존을 위한 치열한 전략적 계산이 깔려 있다. 향후 국제 정세가 어떻게 급변하느냐에 따라, '우리는 본래 하나'라는 민족적 공감대는 위기를 돌파하는 가장 강력한 힘이 되어 다시금 민족 단결의 시대를 열어줄지도 모른다.

결국 분단이라는 상황 자체가 우리에게는 거대한 리스크이자 제약이다. 비록 길이 험난할지라도 평화를 정착시키고 분단의 장벽을 허물기 위한 노력을 멈추지 말아야 한다.

36살 첫 도전과 승리로 의원 생활 시작

그 무렵 지역운동론이 대두되었다. 노동운동, 여성운동, 문예운동 등 부문 운동과 또 다르게 시민들이 사는 지역으로 들어가서 지방자치 시대에 정치적 토대를 구축해야 한다는 것이었다. 치열한 논의를 거치면서, 지역 속에서 1인 1모임 참여하기, 1모임 만들기 등을 과제로 활동을 시작하였다. 나는 남구로 활동 지역을 정하게 되면서 무거동을 거점 지역으로 정하고 활동을 시작하였다.

우선 1997년에 입주를 시작하는 삼호동(당시 무거1동)굴화주공아파트로 전세를 얻어서 이사하였다. 그리고 무거동에 나의 전공인 컴퓨터 공학을 매개로 하는 한솔 컴퓨터학원을 차렸다. 그리고 무거동 자연보호협의회 사무국장, 컴퓨터 학원연합회 남구 사무국장, 굴화주공아파트 방범대 총무, 무거지역 학원장들의 모임인 21세기 교육협의회 참가 등 1년 사이에 활발한 활동을 펼쳤다.

◉ 1998년 지방선거 출마

그 당시 나는 지역의 원로들을 모시고 통일운동과 연대운동에 실무적 역할을 계속 수행해왔다. 민주시민회의 진영우, 박종희 선배는 이미 1987년 6월 항쟁과 대통령 선거 또 이후 지역사회 노동, 시민운동의 중심적인 역할을 해오셨던 분들이다. 그분들이 지역연대 활동의 중심적인 역할을 하셨다면 나는 실무적 역할을 해온 셈이다.

그런 조건에서 지역운동론에 이은 지방정치 참여의 분위기는 자칫 지역연대운동의 약화로 이어지지 않을까 하는 걱정도 있었다. 진영우 선배가 무거동 학원까지 찾아오셔서

"진석아 너마저 정치영역으로 가는 건 아니지 않느냐? 누군가는 연대운동의 영역을 챙겨나가야 하는 거 아니냐"

1998년 36살의 젊은 김진석이 첫 출마를 하다. 울산 최연소 당선을 이뤄내었다. 서울에서 선거운동을 위해 달려온 최명한의 모습도 보인다.

라는 염려의 말을 했다. 하지만 이미 출마를 결심하고 나섰던 차라 그 바람에 부응하지 못해 아직도 진영우, 박종희 선배만 보면 몹시 죄송스러운 마음을 가진다.

그리고 서울에서 최석환, 최명한도 부르고, 김정훈, 염정배 등과, 선거에서 실무를 도와줄 후배들을 모으고, 굴화주공 방범대 사람들을 중심으로 선거 진용을 갖추기 시작했다. 남구에 대한 풍운의 꿈을 꾸면서 본격적인 정치에 나서게 된 것이다.

　당시 기초의원 선거는 무보수 명예직이며 정당이 없는 모두 무소속인 선거였다. 선배들의 우려에도 불구하고 나는 지방선거 구의원 출마를 준비했다. 그런데 갑자기 아버지가 돌아가신 것이다. 후보 등록 이틀 후 황망한 가운데 부친상을 치른 후 선거를 다시 시작하였다. 작은 1개 동만의 선거였기에 기간은 문제가 아니었지만, 워낙 인지도가 낮고 동네 인맥이 부족해서 쉽지 않은 선거가 될 것임을 직감했다.

　당시에는 가장 유력한 선거 운동의 핵심 일정이 합동유세였다. 학교 운동장 같은 곳에 유세장을 차리고, 지역 유권자를 모시고 후보들의 정견발표를 진행하는 방식이었다. 옥현초등학교에서 합동유세가 진행되었는데, 시간이 부족하여 합동유세 원고를 유세 직전에야 완성하였다. 원고를 보고 읽을 만큼 정리가 안 되어 있어서 핵심만 체크했다. 이미 오랜 기간 학생회, 지역활동 등에서의 연설 경험이 있기에 20~30분 정도의 시간을 꽉 채워 원고 없이 마이크를 들고 유세를 했다. 그런 모습이 모였던 유권자들에게는 젊고 똑똑한 이미지를 심어주는 계기가 된 듯했다.

상중이라는 흰색 깃을 보고 안타까워해 주는 분들도 많았다. 그리고 가장 인구가 밀집된 신규아파트인 굴화주공아파트는 기존 동네의 후보들이 조직화하기에 어려움이 있었다. 나는 방범 활동을 하면서 알게 된 방범대분들을 중심으로 강력하고도 유리한 조건을 만들었다.

마지막 날 굴화주공아파트 내의 공원에서 개인 연설회를 개최했는데 정말 많은 주민이 참여해주셔서 감동적인 연설회가 되었다.

선거가 끝나고 개표가 진행되면서 모두 8개의 투표구 중에서 7개의 투표구 개표가 완료되었는데 나는 1등과의 표 차가 1,000표까지 벌어진 3등이었다. 보통 1개의 투표구에서 1등과 3등의 표 차가 200표 안팎이라 보면 1,000표는 뒤집을 수 없는 상황으로 보였다.

다만 남은 투표구는 유권자 숫자가 제일 많고 나의 강세 지역인 굴화주공아파트 투표구여서 혹시나 하는 마음으로 기다렸다. 그 결과 압도적으로 내가 1,000표를 훌쩍 넘어서고 다른 후보들은 200표 안팎으로 득표하면서 50표 차이로 당선이 되었다. 당시 7투표구까지 1등을 달리던 후보가 재검표를 요구해 실시했지만 표 차는 더 벌어졌을 뿐이었다.

당시 1등을 달리던 후보는 자신의 당선을 당연한 것으로 여겨 남구의회 의장을 하겠다고 생각할 정도로 유력한 정치인이었다. 그런데 갑자기 나타난 대학생 같은 청년에게 진 것이 몹시 분했는지 한동안은 동네 활동할 때 불편한 기색을 그대로 드러내기도 했다. 그렇지만 나중에는 잘 해소되었다.

◉ 계획형 의원 생활

나의 의원 생활은 빡빡한 일정을 소화하는 것이 일상이었다. 아침이면 늘 그날의 일정과 과제들을 메모하는 습관이 있었다. 하루에 적게는 열 개 안팎의 할 일들을 빼곡히 적었는데, 그 일들을 하루 만에 다 해내기란 물리적으로 불가능할 때가 많았다. 자연스레 미처 완료하지 못한 과제들은 다음 날로 넘기거나 일정을 다시 잡아야 했고, 어제 한 일과 오늘 할 일을 대조하며 꼼꼼히 체크하다 보니 수첩 관리는 내 생활의 핵심이 되었다.

당시 일정 관리에 얼마나 진심이었는지, 그 유명한 프랭클린 다이어리를 구매해 사용했을 정도였다. 30분 단위로 촘촘하게 짜인 내 일과표를 보며 아내는 "보는 것만으로도 숨이 막힌다"라며 고개를 젓곤 했다. 심지어 장을 보러 가거나 부모님 댁을 방문할 때조차 이런 식으로 계획을 세우는 나를 보며 아내가 화를 낼 정도로, 나는 지독한 계획형 인간이었다.

계획을 세우고, 실행하고, 평가하는 과정이 의원으로서의 나를 움직이는 엔진이자 일상의 리듬이 되었다. 그렇게 의원 생활을 지속했다.

김두겸 남구청장이 학교 급식 예산 지원을 거부하여 규탄집회 중.

모임 중심 활동들

◉ 방범대 사람들

1997년 굴화주공아파트 입주 당시, 단지 내 방범대를 결성한다는 공고를 보고 주저 없이 참여했다. 입주 초기라 어수선했던 단지의 안전을 우리 손으로 직접 지키고 싶다는 마음이었다. 그렇게 열린 첫 모임에서 회의가 진행되는 과정을 지켜보다 몇 마디 의견을 냈을 뿐인데, 회의 진행이나 규정 정리에 익숙해 보인다는 이유로 대원들의 추천을 받아 덜컥 총무직을 맡게 되었다. 방범 대장으로는 방범 활동 경험이 풍부하고 리더십이 탁월했던 한대환 님이 선출되었고, 대원들에게도 각자의 전문성에 맞는 역할이 주어졌다. 우리는 '내 집의 안전은 단순히 우리 집 문을 잠그는 것이 아니라, 우리 마을 전체를 함께 지킬 때 완성된다'라는 공동체 의식을 강조했다. 이 개념은 입주 초기 환경적 불편함이 컸던 주민들에게 큰 공감을 얻었고, 방범대에 대한 전폭적인 지지로 이어졌다.

우리는 직접 초소를 만들고 정기적인 순찰 근무를 서는 한편, 대원들 간의 단합을 위한 다양한 행사도 활발히 열었다. 시간이 흐르면서 대원들은 친형제보다 더 끈끈한 유대감을 갖게 되었고, 대원들뿐만 아니라 그 가족들까지 서로 스스럼없이 알고 지낼 만큼 정이 깊어졌다.

당시 굴화주공아파트 주변은 택지 조성 지구의 일부에만 건물이 들어선 상태라, 나머지 빈터는 범죄의 온상이 될 위험이 있었다. 우리 방범대는 서치라이트까지 구입해 그 으슥한 인근 지역까지 순찰을 돌며 열정을 불태웠다. 그 과정에서 좀도둑을 잡기도 하고, 오랫동안 방치되어 눈살을 찌푸리게 하던 차량들을 처리하는 등 동네 지킴이 역할을 톡톡히 해냈다.

돌이켜보면 한동네 안에서 이웃과 정을 나누고 함께 땀 흘리며 지냈던 그 시절의 행복감이 지금도 선명하다. 20대 시절 학생 운동과 청년회 활동에서 배운 '함께하는 가치'가 아파트 공동체 안에서 또 다른 결실을 맺은 셈이었다. 그때 맺은 소중한 인연들은 방범대 활동이 끝난 뒤에도 끊기지 않았고, 30년이 흐른 지금까지도 '청수회'라는 이름으로 모임을 이어오며 인생의 든든한 동반자가 되어 주고 있다.

굴화주공방범대 총무를 맡아서 활동중에 한 컷, 이 방범초소를 만든다고 녹 다 벗겨내고 칠하고 등등 한 달 가까이 고생했던 기억.

◉ 동정자문위원회

지금의 주민자치위원회 전신인 '동정자문위원회'가 활동하던 시절이었다. 당시 그곳은 동네 자생단체장과 학교장 등 지역 유지들이 포진해 있어, 마치 동네의 '원로원' 같은 분위기를 가진 곳이었다. 새파랗게 젊은 의원이 나타나니, 처음에는 기를 좀 죽여놓으려 하셨던 건지 아니면 애정 어린 가르침이었는지 이런저런 훈수와 꾸지람이 끊이지 않았다. 하지만 시간이 흐르며 진심이 통하자, 그분들은 그 누구보다 나를 믿어주는 가장 든든한 우군이 되어 주셨다.

그러던 어느 날, 통장 모임에서 당일치기 야유회를 가는데 함께 가자고 제안해 오셨다. 그런데 코스를 짜는 과정에서 고개를 갸우뚱할 수밖에 없었다. 당일 일정인데도 경주나 부산 같은 가까운 곳이 아니라 충청도나 전라도 같은 먼 곳을 가자고 하시는 것이었다. "그렇게 멀리 잡으면 길바닥에서 시간 다 보내는 것 아닙니까?"라고 의아해하자, 어르신들은 그저 웃으며 "가보면 안다"라는 의미심장한 대답만 남기셨다.

출발 당일 아침 6시, 무거1동이 고속도로 입구 근처다 보니 버스는 출발하자마자 고속도로로 접어들었다. 사회자가 가볍게 인사를 시키자마자 한 분이 노래 한 곡 뽑겠다며 마이크를 잡으셨다. 그때부터 이른바 '관광버스 춤'과 술잔이 오가는 광경이 펼쳐졌다. 아침 6시 30분밖에 안 된 이른 시각인데 말이다. 당황스러우면서도 한편으로는 '아, 이래서 목적지가 멀수록 좋다고 하셨구나!' 싶어 고개가 끄덕여졌다.

물론 젊은 의원을 가만히 두실 분들이 아니었다. 밤 10시 울산으로 돌아올 때까지 자리에 앉지 못했고, 주시는 술을 받아 마시느라 정신이 없었다. 어찌나 안주를 완벽하게 준비해오셨는지 입이 쉴 틈이 없었다. 그날 이후 말 그대로 '한 식구'가 된 듯한 깊은 친밀감을 느꼈다.

이후에도 나는 가급적 모든 지역 모임에 발을 붙이며 열정적으로 의정 활동에 임했다. 의원 생활을 마무리할 즈음에는 많은 어르신이 "구청장 나가지 말고 구의원 한 번 더 하는 게 안 좋겠나"라며 진심 어린 조언을 건네주기도 하셨다. 특히 마지막 의정 보고회 날, 그동안의 공약 이행 사항과 동네를 변화시키기 위해 흘렸던 땀방울을 설명해 드렸을 때 보내주신 뜨거운 박수와 격려는 평생 잊지 못할 뭉클한 감동이었다.

◉ 굴화주공아파트 공동체

구의원 당선 이후, 내가 거주하던 굴화주공아파트 공동체를 활성화하는 일에 각별한 애정을 쏟았다. 그 시작으로 단지 내 3개 입주자대표회의를 하나로 묶은 연합체인 '굴화주공 공동체협의회'를 창립하고 초대 회장을 맡았다. 아파트라는 삭막한 공간을 이웃 간의 온기가 흐르는 삶터로 바꾸기 위해 주민들과 머리를 맞대고 사계절 내내 다채로운 문화 프로그램을 기획했다.

봄에는 단지 곳곳에 화사한 웃음꽃이 피었다. 아이들을 위한 그림

그리기 대회를 개최했는데, 고사리손으로 그려낸 작품들을 각 아파트 입구에 정성껏 전시하여 주민들에게 소소한 즐거움을 선사했다.

무더위가 기승을 부리던 여름에는 울산시립교향악단의 '찾아가는 음악회'를 유치했다. 아파트 단지 한복판에서 울려 퍼지는 오케스트라의 선율은 주민들에게 잊지 못할 '한여름 밤의 축제'를 선물해주었다. 이어지는 주민 노래자랑 대회를 통해 이웃의 숨은 장기를 발견하며 하나가 되기도 했다. 특히 당시로서는 파격적이었던 북한 영화 상영회를 열어, 통일에 대한 관심을 높이고 민족의 동질감을 확인하는 뜻깊은 시간을 가졌다.

추위가 매서운 겨울에도 공동체의 열기는 식지 않았다. 정월대보름이면 동네 사람들이 모여 전통문화 축제를 열었다. 윷놀이와 제기차기, 아이들과 함께 굴렁쇠를 굴리거나 팽이를 깎아 만들고 떡메를 치며 잊혀가는 우리 전통을 함께 즐겼다.

이러한 진심 어린 노력에 많은 입주자가 뜨겁게 호응해주었다. 20여 년이라는 긴 세월이 흐른 지금까지도 나의 가장 든든한 지지자들 중 한 축은 바로 그 시절 굴화주공아파트에서 함께 부대끼며 정을 나누었던 주민들이다. '정치'란 결국 거창한 구호가 아니라 이웃의 얼굴에 웃음꽃을 피우는 일임을, 나는 그 시절 굴화주공의 사계절을 통해 깊이 배웠다.

동네의 크고 작은 성과들

◉ 무거1동 동사무소 신축

의원 당선이 되자마자 가장 큰 숙제가 하나 있었는데, 오래되어 기능하기 어려운 동사무소를 이전하는 것이었다. 적당한 부지를 선택하기 위해 국공유지를 다 뒤지고 다녔지만 마땅하지 않았다. 처음에 눈을 돌린 곳은 공원부지였다. 공간이 충분하여 방법을 모색해보려고 담당하는 젊은 직원과 상의를 했는데 그 직원이 "의원님. 바람직하지 않은 생각입니다. 도심의 녹지는 한번 다른 용도가 되면 더는 회복할 수가 없기 때문에 반드시 지켜져야 하는 것이 옳습니다."라고 했다. 나는 몹시 부끄러움을 느끼며 기술적으로 동사무소 기능에만 꽂혀서 본질을 생각하지 못했다는 반성을 하게 되었다. 이는 의원 활동 내내 그리고 이후에도 항상 무엇을 먼저 생각해야 하는지를 생각하게끔 만드는 배움이 되었다.

이후 좀 비좁지만 큰 무리가 없는 지금의 장소를 선택했다. 처음 공사를 할 때 적극적으로 의견을 내기도 하고 실제 공사 현장을 수시로 방문하여 꼼꼼히 체크하기도 하였다. 그리고 완성되었을 때 주민문화센터의 운영을 지원하는 일용직 간사에 김정훈 문예 활동가를 섭외하여 참여시켰고, 많은 성과가 만들어지기도 하였다.

애정을 쏟아부었던 무거1동 주민센타가 완공되고, 1년 동안 노력한 결실을 기념하기 위해
공연을 하는 풍물 모임

◉ 지하차도, 굴화주공 우회도로 문제

당시 울산시는 신복로터리의 교통 체증을 해결하기 위해 기존 고가
도로에 더해, 신삼호교와 울산대 방면을 잇는 지하차도까지 추가로 설치
하려 했다. 하지만 지하차도가 들어설 경우 인근 상권의 단절은 물론,
사각지대 발생으로 인한 주변 지역의 슬럼화가 불 보듯 뻔한 상황이
었다. 나는 지역구 의원으로서 이 문제를 심각하게 받아들이고 상권
보호와 주거 환경 사수를 위해 지하차도 설치 반대에 앞장섰다. 치열
한 논의 끝에 결국 시는 지하차도 계획을 철회하고 고가도로만 추진하

는 것으로 최종 확정했다.

그러나 고비는 거기서 끝이 아니었다. 시 당국은 고가도로 공사 기간 굴화주공아파트 단지를 끼고 차들을 우회시키겠다는 대책을 내놓았다. 이 계획대로라면 수많은 차량이 아파트와 초등학교 사이를 관통하게 되어, 아이들의 통학 안전은 물론 심각한 소음과 교통 체증을 유발할 것이 자명했다.

나는 즉각 시에 강력히 항의하는 한편, 아파트 주민들의 뜻을 하나로 모아 시청 항의 방문을 위해 버스 대절까지 마치고 결사적인 투쟁을 준비하던 중, 우리의 거센 기세에 밀린 시 측은 결국 한걸음 물러났다. 시는 공업탑 로터리와 같은 신호 체계를 도입해 우회 도로 없이도 교통 수요를 감당하는 방식으로 계획을 수정했다. 덕분에 우려했던 단지 내 관통 도로 문제는 사라졌고, 신복로타리는 공사기간에도 큰 무리 없이 교통 흐름을 유지할 수 있었다.

주민들의 생존권과 아이들의 안전을 지키기 위해 발로 뛰었던 그 시절의 투쟁은, 진정한 지방자치가 무엇인지를 다시금 일깨워준 소중한 승리의 기록이었다.

◉ **와와 공원과 경로당**

선거운동 당시, 정광사 앞 공원 평상에 모여 계신 어르신들을 뵈었을 때의 충격을 잊을 수 없다. 제대로 된 쉼터 하나 없이 열악한 환경에서 지내시는 것은 물론, 화장실조차 없어 옆에 양동이를 두고 해결하실 정도였다. 나는 어르신들께 이 문제를 반드시 해결하겠노라 굳게 약속했다.

의원이 된 후 해결책을 찾기 위해 법령을 샅샅이 뒤진 끝에, 공원 부지 일부에도 공공시설 설치가 가능하다는 사실을 확인했다. 공원 환경을 해치지 않는 선에서 아담한 경로당을 짓기로 계획을 세웠으나, 법적 걸림돌과 예산 확보라는 난제가 기다리고 있었다. 포기하지 않고 관계 부처를 설득하며 동분서주한 결실로 마침내 번듯한 경로당을 지을 수 있었다. 그날 이후, 경로당 어르신들은 나를 볼 때마다 마치 '아이돌 팬클럽'처럼 열렬히 환영해 주시는 든든한 후원자가 되셨다.

다음 과제는 무거1동 중심에 자리한 대규모 공간, 와와공원이었다. 동네의 심장 같은 곳임에도 불구하고 오랫동안 방치되어 우범지대나 다름없던 그곳을 살려내고 싶었다. 마침 전국적으로 생태공원 조성 붐이 일던 때라, 나는 서울 집회나 출장이 있을 때마다 수도권의 유명 생태공원들을 일일이 찾아다니며 실태를 조사하고 사진을 찍어 자료를 모았다.

그렇게 공들여 만든 계획서를 들고 남구청과 시청 담당 공무원들을 끈질기게 찾아가 설득했다. 천신만고 끝에 예산을 확보하는 데 성공했고, 버려졌던 공간은 무거1동을 대표하는 중심 공원으로 탈바꿈하기 시작했다.

다만 한 가지 아쉬운 대목은 완공 시점이었다. 공사가 마무리된 것은 내 임기가 끝나고 두 달쯤 지난 뒤였다. 구청장 선거에서 낙선한 뒤 전직 의원 신분으로 준공식에 참석했는데, 새로 당선된 구청장과 구의원들이 마치 자신들이 한 것인 양 생색을 내는 모습을 묵묵히 지켜보며 박수를 쳐야 했다. 그 모습을 지켜보던 주민들이 뒤편에서 "저거 원래 김진석 의원이 다 만든 건데 좀 너무하네"라며 웅성거리던 소리가 들려왔다. 씁쓸한 마음이 들기도 했지만, 주민들이 그 진실을 알아주는 것만으로도 내 노력이 헛되지 않았음을 확인받은 기분이었다.

◉ 옥현주공아파트 소음공해와 대형 마트 문제

당시 내 지역구는 아니었지만, 무거2동의 옥현주공아파트 소음 문제와 현재 웰츠타워 자리에 들어서려 했던 대형마트 입점 저지 문제는 외면할 수 없는 지역의 현안이었다. 나는 주민과 상인들의 절박한 목소리에 응답하기 위해 경계를 허물고 치열한 투쟁의 현장에 함께 뛰어들었다.

먼저 옥현주공아파트의 고질적인 소음공해를 해결하기 위해 해당 지역구 의원에게 정중히 양해를 구한 뒤 본격적인 활동에 나섰다. 입주자대표회의와 구청 공무원들을 한자리에 불러 모으고, 직접 소음을 측정하며 객관적인 데이터를 쌓아나갔다. 주민들과 함께 집회를 열어 목소리를 높인 끝에, 마침내 지금의 방음벽을 설치하는 값진 성과를 거둘 수 있었다.

인근 상인들의 생존권이 걸려 있었던 대형마트 입점 저지 투쟁은 더욱 치열했다. 우리는 즉각 대책위원회를 꾸려 조직적인 대응에 나섰다. 특히 시청 건축심의위원회가 열리는 날이면 회의장 입구에서 시위를 벌이며 강력하게 반대 의사를 표명했다. 긴장이 고조되자 시 측에서는 내가 대표로 회의에 참석해 발언할 것을 제안해 왔고, 나는 상인회 간부들과 함께 심의장에 들어가 대형마트 입점의 부당함을 조목조목 설명했다.

결국 우리의 진심과 논리가 통했는지 건축 심의는 부결되었고, 거대 자본의 공세로부터 골목 상권을 지켜낼 수 있었다. 대형마트가 들어설 뻔했던 그 자리에는 지금 웰츠타워가 들어서 있다. 비록 내 지역구는 아니었지만, 주민이 고통받는 곳이라면 어디든 달려가 함께 했던 그 시절의 기억은 의정 활동 중 보람찬 순간들로 남아 있다.

지역구 외의 사회적 활동

⊙ 남북노동자 통일 축구대회

　오랫동안 통일운동에 몸담아온 이력 덕분에 민주노총 울산지역본부의 통일위원장이라는 중책을 맡게 되었다. 당시 내가 역점을 두고 추진했던 사업은 바로 '남북노동자 통일 축구대회'였다. 민주노총 중앙 통일위원회 회의에 직접 참여해 대회의 기틀을 함께 닦았고, 그 열기를 이어 울산지역 예선전을 야심 차게 준비했다.

　울산 예선전의 열기는 상상을 초월할 정도로 치열했다. 경기의 공정성과 질을 높이기 위해 축구협회에 정식으로 심판 지원을 요청했다. 특히 현대자동차, 세종공업, 태광산업, 현대중공업 등 울산을 대표하는 사업장 팀들은 프로 못지않은 실력을 뽐내며 경기장을 뜨겁게 달구었다. 손에 땀을 쥐는 접전 끝에 현대자동차가 울산 대표로 선발되었고, 마침내 서울 잠실주경기장에서 열린 전국 대회에 진출했다.

　결전의 날, 울산 노동자들의 열정도 서울로 향했다. 응원단은 버스 여러 대를 나누어 타고 밤을 지새워 상경했다. 그 뜨거운 응원에 힘입어 현대자동차 팀은 마침내 전국 우승이라는 쾌거를 거머쥐었다.

역사적인 남북노동자 통일축구대회 개막식, 나는 준비위원장을 맡아서 울산의 현대자동차팀을 전국 우승으로 이끔. 울산에서 11명이 평양에서 개최된 남북 축구대회에 참석함

전국 우승팀의 다음 행선지는 평양이었다. 현대자동차 선수단과 민주노총 임원진은 남측 노동자 대표로서 평양에서 열린 남북노동자 축구대회에 참가했다. 비록 경기 결과는 아쉬운 패배였지만, 승패를 넘어 남과 북의 노동자가 그라운드에서 땀 흘리며 하나가 되었다는 사실만으로도 가슴 벅찬 성과였다. 비록 나는 여러 여건상 평양 땅을 직접 밟지는 못했지만, 울산 선수단을 책임졌던 위원장으로서 우리 노동자들이 만들어낸 그 빛나는 드라마가 무엇보다 자랑스럽고 뿌듯했다.

◉ 화섬 3사 투쟁

그 시절 울산 노동 현장은 송원산업의 투쟁을 비롯하여 효성, 태광, 고합 등 이른바 '화섬 3사' 노동자들의 생존권을 지키기 위한 저항으로 몹시 뜨거웠다. 나는 당시 송원산업 시민대책위원회 집행위원장을 맡아 울산의 시민사회단체들과 힘을 모아 강력한 연대 활동을 펼쳤다. 노동자들의 절박한 생존권 투쟁을 지원하며 수년간 이어진 그 치열한 현장 속에는 늘 내가 있으려고 했다.

회사의 대규모 구조조정으로 길거리로 내몰린 노동자들의 투쟁은 자연스럽게 해고자들의 복직 투쟁으로 이어졌다. 내가 구의원 임기를 마친 뒤 구청장 후보로 출마하게 된 결정적인 계기 중 하나도 바로 이 노동자들의 투쟁과 정리해고의 부당함을 널리 알리기 위함이었다.

당시 나는 고합의 임종락, 태광의 김만현 등 투쟁의 선봉에 섰던 동지들을 시의원 후보로 세우고 단일 선거본부를 꾸렸다. 우리는 '정리해고 반대'라는 선명한 구호를 내걸고 남구 구석구석을 누비며 남구청장 선거를 치렀다.

◉ 서생 핵발전소 건립 반대

울주군 서생면에 핵발전소 건립이 추진되면서 지역 사회의 반대 운동이 거세게 일어났다. 당시 민주노동당 소속 의원들을 중심으로 울산의 모든 시·군·구 의회가 투쟁에 동참했고, 시민단체들과 손을 잡고 대규모 시민 집회를 공동으로 개최하며 강력한 저지선을 구축했다.

울산 핵발전소 반대를 위해 울산의 시 구 군 의원들이 모두 나섰다. 사진은 나와 도보행군의 일부 구간을 함께한 남구의회 동료의원들.

당시 투쟁의 선봉에는 현재 울산환경운동연합 사무처장인 이상범 시의원과 현재 북구 국회의원인 윤종오 북구 의원이 있었다. 두 의원이 전체적인 흐름을 주도했다면, 나는 다른 의원들과 함께 각자가 속한 기초의회 단위에서 반대 여론을 모으고 결의안을 이끌어내는 등 실무적인 역할을 수행했다.

특히 범시민대회 현장에서는 정파를 초월한 연대의 모습이 펼쳐졌다. 나는 당시 동구의회 소속 보수 정당 구의원과 함께 나란히 단상에 올라 결의문을 낭독했다. 핵발전소 문제는 진보와 보수라는 정치적 견해를 넘어, 울산 시민의 생존권이 달린 절박한 사안임을 상징적으로 보여준 순간이었다.

투쟁의 의지를 전국적으로 확산하기 위해 이상범, 윤종오 의원을 중심으로 서울까지 이어지는 도보 행진이 시작되었다. 나는 남구의원들을 이끌고 약속된 구간의 릴레이 행진에 참여했다. 아스팔트 위를 걸으며 나누었던 비장한 결의는 울산의 생명과 안전을 우리 손으로 지켜내겠다는 정치적 소명의식을 다시금 일깨워주었다.

◉ 러브호텔 규제 촉구

90년대 후반부터 울산 태화강역(당시 울산역) 인근과 무거동 일대를 중심으로 소위 '러브호텔'이라 불리는 숙박시설들이 줄지어 들어서기 시작했다. 이 건물들은 밤만 되면 휘황찬란한 네온사인과 화려한 조명을 내뿜으며 마치 궁전 같은 모습을 연출했다. 사정을 모르는 아이들이 그 화려한 겉모습에 반해 부모에게 저곳으로 놀러 가자고 떼를 쓰는 웃지 못할 풍경이 벌어질 정도였다.

주거 지역과 교육 환경을 위협하는 무분별한 숙박업소 확산을 그대로 두고 볼 수 없었다. 나는 행정 당국의 적극적인 규제를 촉구하는 운동을 본격적으로 전개했다. 학교 앞과 아파트 단지 인근까지 침범한 유흥 시설의 심각성을 알리자 많은 시민이 깊이 공감하며 힘을 보태주었고, 원칙 없는 허가 남발에 대한 규탄의 목소리는 갈수록 거세졌다.

이 문제는 단순한 민원을 넘어 지역 사회의 뜨거운 감자로 부상했다. 결국 시민들의 들끓는 여론은 이후 치러진 남구청장 선거에서 후보들의 공약을 판가름하는 핵심 쟁점이 되었다. 주민의 정주 여건과 아이들의 교육 환경을 지키기 위한 이 투쟁은, 행정이 누구를 위해 존재해야 하는지를 다시 한번 일깨워준 중요한 계기가 되었다.

3 장

민주노동당과 진보당 활동

기호4번일 때 마음에 드는 4랑해요 피켓.
지금 진보당도 기호4번이다. 뭐 4번 타자도 있긴 하다.

민주노동당 창당

1992년 대통령 선거에서 진보 진영은 격돌했다. 경희대 크라운관에서 새벽까지 이어진 민주주의 민족통일 전국연합 대의원 대회에서 김대중에 대한 비판적 지지와 진보 진영의 독자적 후보 전술을 둘러싸고 치열한 토론이 전개된 것이다. 시간은 점점 지나 새벽으로 가고 있었지만, 대의원들은 떠나지 않고 그날 중요한 토론에 집중했다. 발언하는 쟁쟁한 동지들의 모든 발언은 감명적이었지만, 결정을 내려야 했고 전국연합은 독자 후보를 내지않기로 결정했고, 이후 민주당과의 협상을 통해 김대중후보를 범민주단일후보로 지지하기로 결정했다

그리고 1997년 또다시 맞이하게 된 대통령 선거에서 전국연합은 국민승리 21 결성에 참여하고 권영길을 대통령 독자 후보로 추대하여 대통령 선거를 치렀다.

그리고 2000년 1월 역사적인 민주노동당을 창당하였다.

울산에서도 그동안 진보정당을 만들기 위해 노력해 왔던 단위들이

있었는데, 가장 큰 진보사회 연대 단체인 울산연합 소속 회원들이 새롭게 당원으로 입당하게 되면서 울산시당과 구별 지구당의 창당이 빠르게 진행되었다.

하지만 이 과정에서 큰 진통이 뒤따랐다. 서로 공동 활동의 경험이 적었던 정파 진영들이 만나서 당규를 만들고, 운영 방식을 합의하고, 간부들을 선출하는 데는 이견이 뒤따른 것이다. 토론 시간도 너무 오래 걸려 자정을 넘기기 일쑤였고, 서로의 신뢰가 형성되어있지 못하다 보니 작은 문제도 해결하는 데 시간이 오래 걸리기도 하였다.

이러한 과정을 거치면서 울산시당이 창당되었다. 김창현 시당위원장과 허석 사무처장과 함께 진보 정치의 큰 꿈을 키워나갔다. 그해 4월 치러진 첫 국회의원 선거에서 민주노동당은 울산 북구에서 첫 노동자 국회의원의 배출을 기대했지만, 간발의 차이로 꿈을 이루지 못하였다. 그리고 그 과정에서 불거졌던 패권주의 문제가 심각한 갈등을 겪으며 깊은 상처로 남았다. 당에서 다수를 차지하고 있던 울산연합 출신의 간부들은 이 사건을 계기로 패권주의에 대해 깊고 심각한 반성과 당 운영의 민주성에 대해 성찰하는 계기가 되었다. 이후에도 이런 반성의 기조는 계속되었지만, 크고 작은 문제들은 계속 생겼다.

2002년 지방선거를 앞둔 민주노동당은 점점 성장해 나가고 있었다.

지방선거 결과 8%가 넘는 전국 득표를 기록하며, 그해 12월 치러진 대통령 선거에 노무현, 이회창과 더불어 대선 토론회에 참가할 수 있었다. 이때 권영길 후보의 '여러분 행복하십니까? 살림살이 좀 나아지셨습니까'가 유행어가 되기도 할 정도로 큰 호응을 만들어내기도 하였다.

그리고 2004년 치러진 17대 국회의원 선거에서 10석의 국회 의석을 확보함으로써 진보정당 사상 최고의 순간을 기록하게 되었다. 특히 각종 TV토론에서 스타가 된 노회찬 의원이 개표 마지막 순간 온 국민이 지켜보는 가운데 마지막 순번 비례대표의원으로 당선이 되었다. 또한 그로 인해 9선의 김종필 의원이 비례대표 의원 선거에서 낙선하는 상징적인 순간은 진보 정치의 전성기를 알리는 신호탄처럼 여겨졌다.

권영길 의원과 노회찬 의원 등 우리 당의 국회의원들은 너무나도 자랑스러웠다. 의원의 특권을 하나씩 거부하고 월급도 도시 노동자 평균 임금만 받으면서도 맹활약을 하던 모습은 감동이었다. 그런 행보에 힘입어 한때 20%가 넘는 지지율을 기록하기도 했다.

또 진보적 정책과 제도 마련을 위해 거대 정당에 전혀 뒤지지 않을 만큼의 수많은 진보적 교수들, 특히 경제학자 등이 참여했고, 유명 연예인들과 감독들도 당원이 되었다. 외국에도 지구당이 생겨나는 등 민주노동당은 발전에 발전을 거듭했다.

당시 내가 모 단체 신문에 기고한 소부장의 중요성을 강조하고 중소기업 정책을 강화해야 한다는 글을 우연히 보고 소부장 관련 어느 연구소의 연구원이 너무 감사하고 민주노동당에 대한 깊은 신뢰를 보낸다는 연락을 해오기도 했다.

남구청장과 국회의원 도전

이렇게 자랑스러운 민주노동당의 지구당위원장으로서 나도 2002년 당과 화섬3사 정리해고 상황에 따라 구청장으로 출마하였고 2004년에는 국회의원 선거에 출마하였다. 이때 출마의 심정은 당선이 아닌 당 지지율을 올려 비례대표 후보들이 당선될 수 있도록 만드는 데 있었다. 이는 전국의 수많은 후보의 마음이었고, 그 결과가 권영길 후보가 대통령 선거 TV 토론에 나갈 수 있는 자격을 만들게 되기도 하고, 국회에서 비례 8석을 확보하는 힘이 되었음은 명확하다.

원래 나는 구의원 임기가 끝나면 재선에 도전할 계획이었다. 임기 말에는 지역의 여러 관변 단체나 모임에서도 적극적인 지지를 표명해주어 기반도 탄탄했다. 하지만 임기 중 민주노동당이 창당되면서 나는 남구위원회 위원장이라는 중책을 맡게 되었고, 당시 화섬 3사

노동자들이 겪던 고통이 너무나 컸기에 차마 외면할 수 없었다. 고심 끝에 나는 안정적인 구의원 재선 대신, 가시밭길이 예상되는 남구청장에 출마하기로 결심했다.

2002년 지방선거에 나와같이 시의원 후보로 나섰던 화섬3사 해고노동자 임종락, 김만현과 함께 서울 집회에서 한컷, 아이는 김만현의 첫째 아들임.

첫 구청장 도전인 데다 인지도나 경험 면에서 기성 정치인들보다 턱없이 부족했지만, 정리해고의 부당함을 세상에 알리고 민주노동당의 남구 기반을 다지는 선거라는 사명감을 안고 치열하게 뛰어들었다. 마침 한일 월드컵 열기가 뜨거웠던 때라, 우리는 월드컵 로고송을 활용하거나 응원 인파가 모이는 장소 입구에서 선전전을 펼치고, 유세차 중계방송을 통해 응원전을 지원하는 등 창의적인 선거운동을 전개했다.

선거 기간에는 시내의 모든 식당과 호프집을 일일이 돌며 인사를 건넸다. 얼마나 강행군이었던지, 나를 보좌하던 수행원이 선거 도중 2박 3일 동안 꼼짝도 못 하고 기절하듯 곯아떨어졌을 정도였다. 참고로 당시 그 고생을 함께했던 수행원은 지금 박사 학위를 받고 연구소에서 근무하고 있으니, 그 시절의 혹독했던 경험이 나름의 밑거름이 되었을지도 모를 일이다.

2002년 남구청장 선거는 당원과 노동자의 힘으로 치렀다. 해고된 노동자들이 선거운동원으로 자원봉사하고 많은 노동자의 응원 속에 치러진 선거였다. 선거를 마치고 가진 해단식은 조금 특별한 의미를 더했다. 장소는 시청 옆의 한 한식 뷔페였는데, 그날은 마침 우리 둘째 아들의 돌날이기도 했다. 치열했던 선거를 마무리하는 자리에서 아들의 돌잔치를 겸하게 된 것이다. 번듯한 돌상을 차려주지 못한 채 선거 해단식과 함께 치러진 잔치였기에, 둘째 아들이 조금은 서운해할지도 모르겠다. 하지만 그날 그 자리에 모인 사람들은 누구보다 진실한 마음으로 아들의 앞날을 빌어주었던 동지들이었다.

초대형 마트 반대 투쟁

2002년 남구청장 선거와 월드컵의 열기가 채 가시기도 전, 야음동 홈플러스 입점 소식이 전해졌다. 제보를 받고 확인해보니, 내가 참여했던 건축심의위원회에서 애초에 '전자마트' 성격의 판매시설로 허가를 받은 부지였다. 인근 상권의 반발을 우려해 일단 공사를 시작하고 나면 슬쩍 용도를 변경하려 했던 꼼수였다. 내 가게가 있는 야음시장을 비롯해 수암시장, 번개시장 등 인근 상권의 타격은 불 보듯 뻔한 일이었다.

언제나 수암시장을 가면 격려해주시고 반겨주시는 터줏대감 어르신, 나의 수암시장 전속모델이 되어주시다.

이 부당함을 알게 된 상인들의 분노는 하늘을 찔렀다. 구의원 임기를 마친 지 얼마 안 된 터라 구청 내부 사정에 밝았던 나는 정확한 정보를 상인들에게 전달하며 투쟁의 물꼬를 텄다. 각 시장별로 대책위원회를 꾸리고 연대 투쟁을 시작했는데, 그중에서도 홈플러스와 가장 인접했던 수암시장의 기세가 가장 높았다.

투쟁은 뜨거웠지만, 생업에 종사하던 상인들에게 유인물 제작이나 기자회견 같은 실무는 낯설고 힘든 일이었다. 이때 민주노동당이 든든한 우군이 되어주었다. 지금은 철도 관련 박사가 된 김동혁과 민주노동당 울산시당 사무처장을 맡고있던 허석이 긴 투쟁에서 성심을 다해 싸워주었다. 나는 현장에 상주하며 피켓을 만들고 연설문을 썼다. 당시는 상인들에게 민주노동당이라는 이름조차 생소하던 시절이었지만, 진심을 다해 곁을 지키는 우리를 보며 상인들의 마음도 서서히 열리기 시작했다.

특히 수암시장 청년회와의 만남은 큰 복이었다. 나와 비슷한 또래가 많았던 청년회 회원들과 술잔을 기울이며 고단함을 나누다 보니 어느덧 둘도 없는 동지가 되었다. 이 끈끈한 유대감은 지치기 쉬운 장기전에서 투쟁을 지속할 수 있는 가장 강력한 동력이 되어주었다.

비록 거대 자본의 홈플러스 입점을 완전히 막아내지는 못했다. 하지만 이 투쟁을 통해 상생 협력의 토대를 마련했고, 전통시장에 대한 지자체의 적극적인 지원을 이끌어내는 성과를 거두었다. 무엇보다 큰 수확은 외부의 위협이 닥쳤을 때 어떻게 단결하고 싸워야 하는지, 상인회의 조직력이 얼마나 중요한지를 온몸으로 깨달은 점이다. 이때 다져진 단단한 결속력은 훗날 수암시장이 울산의 대표 시장으로 번창하게 된 핵심 원동력이 되었다.

이 투쟁을 거치며 나는 남구 을 지역의 노동자 및 서민들과 더욱 깊은 접촉면을 갖게 되었다. 자연스럽게 내 가게가 있고 삶의 터전인 남구 을을 정치적 기반으로 삼기로 결심했다. 이것이 훗날 김기현 의원과 세 차례나 국회의원 선거에서 맞붙게 된 대장정의 시작이었다.

플랜트 노동자들

산업공단의 광활한 공터에 플랜트 노동자들이 발을 들이는 순간, 그곳에서는 '천지창조'가 아닌 '공장창조'가 시작된다. 숙련된 노동자들이 일사불란하게 움직임에 따라 거대한 철골이 세워지고, 조그만 오차도 허용하지 않는 정밀한 수작업이 거듭되며 공장은 비로소 제 형상을 갖춰간다. 보온 작업과 세밀한 시운전을 거쳐 마침내 거대한 설비가 가동될 때, 그리고 수십 년 된 낡은 공장을 새롭게 보수해 생명력을 불어넣을 때, 그들은 우리 경제를 일으키는 진정한 마술사가 된다. 수십

년 경력의 베테랑과 이제 막 발을 뗀 젊은 노동자들이 뜨거운 땀방울
속에서 조화를 이루는 현장이다.

"니는 우리한테는 국회의원이다."라며 격려해주시던 플랜트 노동자들. 늘 함께 해온 플랜트
노동자들의 집회에서 만난 반가운 동지

　하지만 그 화려한 결과물 뒤에 숨겨진 노동의 현실은 참혹하리만치
열악했다. 2004년 국회의원 선거를 전후하여 발생한 삼양제넥스 공장
폭발사고는 노동자 3명의 목숨을 앗아간 비극이었다. 나는 사고 직후
플랜트 노동자들의 농성장으로 달려갔고, 이후 노동조합을 결성하고
총파업 투쟁에 돌입하는 모든 순간을 현장에서 함께했다.

그들이 마주한 현실은 눈물겨웠다. 제대로 된 탈의실조차 없어 길거리에서 속옷을 드러낸 채 땀에 젖은 작업복을 갈아입어야 했고, 비 오는 날엔 빗물이 섞인 도시락을, 바람 부는 날엔 모래가 씹히는 밥을 먹어야 했다. 최소한의 인간다운 삶을 보장받기 위해 노동조합의 이름으로 뭉친 그들의 절박한 투쟁을 곁에서 지켜보는 시간은 내게도 가슴 뜨거운 역정이었다.

그렇게 맺어진 인연은 정치적 부침 속에서도 흔들리지 않았다. 선거에서 고배를 마시고 힘든 시기에 그들을 찾아가면, 노동자들은 투박하지만, 진심 어린 목소리로 나를 다독여주었다. "니는 우리한테 이미 국회의원이고 구청장이다. 그러니 절대 실망하지 마라."

나를 당신들의 식구처럼 아껴주던 분들, 내가 운영하는 국밥집을 찾아와 시름을 나누던 그들과의 유대감은 무엇과도 바꿀 수 없는 자산이 되었다. 그래서인지 지금도 주변 당 간부들은 내가 플랜트 노동자들 앞에서 마이크를 잡고 연설할 때가 가장 빛나고 보기 좋다는 말을 건네곤 한다. 그들의 삶터가 곧 나의 정치적 고향이기 때문이다.

김주철 보궐선거 승리

2002년 구청장 선거에 낙선하고 연이어 2004년 국회의원 선거에 낙선한 그때 남구 삼산동에 구의원 보궐선거가 있었다. 여당인 당시 한나라당에 비해 힘이 많이 부족함을 느끼던 때였다. 그래서 이 선거를 어떻게 할 것인가를 고민하다가 결국 설득 끝에 현대자동차 김주철을 후보로 결정했다. 그리고 현재 울산광역시 대변인을 하고있는 당시 한나라당 임현철과 맞붙게 되었다. 두 사람은 원래부터 이 지역 토박이로 동기동창이었다.

사실 객관적으로 볼 때 한나라당이 압도적이었고, 더더군다나 보궐선거는 바람을 기대하기 어려운 조직 동원 선거이므로 더욱 불리할 수 있는 선거였다. 하지만 다른 판단도 있었다. 삼산은 현대자동차 조합원이 많이 살고 있어, 보궐선거의 특성상 이들을 집중적으로 조직하면 가능성이 있다는 판단이었다.

선대본부장을 맡고 있던 나는 시당에 보궐선거 지원을 요청했고, 후보에게는 회사 내에서 삼산에 거주하는 조합원들을 찾아서 투표 참여를 요청해 달라고 하였다. 그리고 지역에서도 현대자동차 조합원을 비롯한 민주노총 조합원, 민주노동당 당원들이 거주하는 곳을 파악해서 투표 독려에 나섰다. 결국 결과는 민주노동당의 승리, 김주철의 승리였다. 남구 삼산대첩이었다.

2006년 4명의 구의원이 당선되어 남구지역 곳곳을 순회하는 장바구니민원실을 열었다.
왼쪽부터 강혜련, 김만현, 박성진, 조남애의원.

2006년 지방선거에서 우리 남구에서도 4명의 구의원이 탄생했다. 이 선거를 시작으로 3선 의원이 되는 김만현, 조남애 의원 그리고 지금은 민주당 남구을 지역위원장을 맡고있는 박성진 의원, 그리고 정성을 다해 비례후보로 모셔온 대표적 여성계 인사인 강혜련 의원 등이다. 나는 이분들과 함께 두 번째의 구청장 선거에 출마해 떨어졌지만 마치 내가 당선된 기분이었다. 가장 가슴 아픈 것은 큰 기대를 했던 무거동의 임종락 후보의 낙선이었다.

이때부터 남구 제1야당으로서의 정치활동을 본격적으로 시작했다. 의원들의 합동 사무실 겸 지역위원회의 사무실을 겸하는 공간도 마련하고, 다양한 활동을 전개하였다. 다들 초선이었던 관계로 그나마 의원 생활을 한 지 얼마 안 되었던 나의 경험이 나름 도움이 되기도 했다.

진격의 2010 지방선거

그리고 인생에 찾아온다는 기회 중 적어도 한 번의 기회였던 것 같은 2010년 선거를 맞이하였다. 그 시작은 시청 앞 수암지역 아파트 공사 피해 관련 주민집회에서부터였다. 알고는 있었지만 큰 친분은 없었던 홍성부 당원이 집회를 주도하며 사회까지 보고 있었는데, 그 투박한 사투리 진행에 집회장은 폭소와 함성으로 가득했다. 내가 가자 홍성부 사회자가 나와 민주노동당을 얼마나 칭찬하면서 소개하는지 나도 모르게 자신감에 넘쳐 인사도 하고 함께 동화될 수 있었다. 4개의 선거구에서 3명씩 뽑던 선거가 6개의 선거구에서 2명씩 뽑는 선거로 바뀌게 되면서 새로 만들어진 두 곳 중 그 한군데에 그 홍성부가 출마를 결심해 주었다. 그리고 나머지 1개 선거구인 신정동 선거구는 민주당의 요청에 따라 우리 후보들을 내지 않고 민주당에 양보하였다. 그리고 비례대표는 민주당은 내지 않고 우리가 남구의 중심 노동조직인 화섬노조 출신 국일선을 후보로 확정했다. 그리고 박수일 등이 시의원 후보로 출마하였다.

이번 출판기념회를 도와준 홍성부 전의원, 저돌적인 성향을 누그러뜨리기위해 서예를 한다고 한다. 서로 다른 성격인데도 그 다른 측면을 서로 부러워하는 관계라고나 할까

나는 당시 구청장에 출마를 결심할 때는 구의원 3인 선거구가 2인 선거구로 바뀌면서 구의원 당선이 힘들어진 상황(당시 한나라당이 두 명 다 당선될 수도 있는 상황)을 넘어서기 위해 구청장 후보로 나서야

한다는 마음이었다. 선거가 진행될수록 분위기가 점점 바뀌면서 지지도가 올라가는 것이 눈에 확연히 보였다. 그렇지만 확신할 수는 없었는데 자체 여론조사를 한 결과 막판에는 이기는 결과가 나와서 마지막 힘을 모으기 위해 주변 지인들을 최대치로 불러 모아 막바지 집중을 요청했다. 바로 그날 저녁 지역 방송 뉴스 여론조사에서 거의 두 배 이상으로 김두겸 후보가 나에게 앞서는 걸로 나오면서 약간 어정쩡했던 사람들의 결집력이 확 떨어지는 상황이 되어버렸다. 반면 김두겸 후보 측에서는 선거사무실로 통장, 관변단체 간부들을 대거 불러 모으면서 강력한 막판 집중 독려 활동을 전개했다. 선관위에서는 신고를 받고도 딱히 제재할 수 없다는 입장만 밝힐 뿐이었다. 투 개표가 이루어졌고 다음날 새벽까지 초접전 지역으로 분류되면서 서울시장 선거와 함께 계속 뉴스 화면에 나오고 있다가 결국 49.34%를 득표하면서 아쉬운 낙선의 고배를 마셨다.

남구의원 선거 결과는 신정동에 출마한 민주당 후보는 낙선하고 민주노동당 후보 6명이 당선되었다. 한나라당은 8명이 당선되어 8:6의 구도가 만들어졌다. 우리는 의원 합동 사무실을 남구청 바로 옆으로 옮기고 본격적인 남구 정치활동을 전개하였다. 기존의 4명의 의원이 다 재선하였고, 전투력 갑인 홍성부와 논리력 갑인 국일선의 보강으로 왕성한 의정 활동이 4년간 치열하게 전개되었다.

통합진보당 창당과 당 해산

2011년 민주노동당과 유시민이 이끄는 국민참여당 그리고 진보신당의 통합안이 부결되자 탈당한 노회찬, 심상정, 조승수 등이 결성한 진보 정치연합 3정치 조직이 통합하여 통합진보당을 창당하였다. 이듬해 국회의원 선거에서 13석을 확보하며 진보 정치의 부활을 알렸지만, 곧바로 불거진 부정선거 논란, 내란혐의 수사 등으로 여론몰이를 당하다가 박근혜가 당선되고 2014년 12월 헌재에서 당 해산 판결이 났다.

2년 뒤인 2016년 총선에서 윤종오와 김종훈이 무소속으로 당선이 되었고, 12월 국회에서 박근혜가 탄핵 소추되었다. 처음 국회는 국민의 분노를 제대로 읽지 못하였다. 박근혜 정부에서 타협안도 제안되고 있다는 소리도 들려왔다. 하지만 그것은 국민의 광화문 광장의 분노로 순식간에 뒤엎어 버렸다.

민주노총은 진보 시민사회와 함께 민중총궐기에 나섰다. 그 전 해에 물대포를 맞고 결국은 돌아가신 백남기 농민열사와 관련한 책임자 처벌과 박근혜 정부 퇴진 투쟁에 나선 것이었다. 처음에는 작은 집회들이 점점 커지는 양상을 보이다가 뭔가 응집력을 만들어 갈 기초 대오가 필요했다. 민주노총의 민중총궐기는 행진 도중 이전에는 한번도 그런 환호를 받아 본 적이 없을 정도로 반응이 좋았다. 그리고 민중 총궐기의 그날 나는 윤종오 의원과 울산 대오의 선두에서 참여하고 있었는데 마치 광화문이 해방구가 된 듯했다. 그 감동은 잊히지 않는다. 그날 저녁 민중총궐기에 이어 100만 국민대회가 열리는 날이었고 민주노총의 총궐기 대오를 기반으로 아이들 손을 잡고, 친구와 연인들의 손을 잡고 많은 서울 시민들이 참여하여 광화문을 뒤덮어 버렸다.

다음 해 3월에 헌재에서 박근혜가 파면될 때까지 가장 열심히 투쟁했지만, 통합진보당이 복권되지는 못했다. 박근혜 파면 이후 촛불 정부가 들어서게 되고, 2017년 민중당으로 다시 창당하고 2018년 지방선거에 나섰지만 참패하였고, 2020년 국회의원 선거에서도 모두 낙선하였다. 국민은 수구세력의 부활을 저지하기 위해 대안인 민주당으로 온 힘을 다해 밀어주면서, 우리 당에까지 관심을 둘 여유는 없었다. 또한 당을 해산시킨 박근혜는 탄핵당하였지만 여전히 국민 속에서 지지받는 세력으로 성장하지는 못하고 있었다. 2012년부터 시작된 길고 힘든 여정의 결과물이기도 했다.

2021년 울산 남구청장 재선거

새로운 희망이 필요하다는 갈증 속에, 나는 많은 이들을 만났다. 시민단체 활동가들, 여러 진보정당 인사들, 그리고 오랜 세월 뜻을 같이 해온 동지들까지. 젊은 시절 뜨겁게 꿈꿨던 진보 사회의 희망은 혼란스러워졌고, 다들 힘겨워하고 있었다.

나는 이분들과 진심으로 고민을 나누며 강하게 얘기했다. "이렇게 넋을 놓고 있기에는 우리가 살아온 삶이 너무 아깝지 않은가. 우리가 지키고자 했던 민중들의 삶은 여전히 고단한데, 이대로 멈추기에는 너무 억울하지 않은가." 나는 더 늦기 전에 무엇이라도 다시 시작해보자고 그들의 손을 잡으며 설득했다.

그런 간절한 마음으로 나는 결단을 내렸다. 남구청장 재선거에 진보당 후보로 직접 나서겠으니, 이 선거를 통해 침체된 진보 정치를 다시 살리는 새로운 계기로 삼아보자고 호소한 것이다. 시당 내부에서도 처음에는 "승산이 너무 낮다"라며 반대하는 의견이 많았으나, 나의 진정성 있는 호소에 결국 뜻을 모아주었다.

나는 그동안 구상해온 대안으로 '남구청장 재선거 울산시민공동행동' 결성을 제안했다. 흩어진 진보 세력의 힘을 하나로 결집해 단결의 본보기를 만들고, 새로운 희망의 근거를 마련하자는 취지였다. 민주당 후보가 출마하는 상황이라 시민단체 내부의 복잡한 이해관계로 인해 반발이 예상되는 대목도 있었으나, 결과는 놀라웠다. 주요 시민단체와 진보정당, 노동조합, 특히 현대자동차 내의 여러 노동조직이 모두 힘을 실어주는 대단결의 구도가 만들어진 것이다.

선거 결과는 비록 3위에 그쳤으나, 우리는 거기서 멈추지 않았다. 선거 직후 곧바로 2022년 지방선거를 겨냥해 울산 전체를 포괄하는 '울산시민공동행동'을 새롭게 조직했고, 내가 직접 집행위원장을 맡아 일상적인 토론과 활동을 전개하며 연대의 밀도를 높여갔다.

진보 단결의 흐름 속에 진보당은 울산 동구에 화력을 집중했고, 마침내 동구청장 당선이라는 눈물겨운 승리를 일궈냈다. 이 승리는 하나의 신호탄이 되었다. 이듬해 4월, 전주을 국회의원 재보궐선거에서 강성희 후보가 당선되며 진보당은 원내정당으로 당당히 발돋움했다. 진보당이 다시 전진할 수 있는 튼튼한 기초가 마련된 셈이다.

물론 시련도 있었다. 2024년 총선을 앞두고 울산에서 진보 통합을 위한 노력이 계속되던 중, 중앙당 차원의 민주당 연대 방침이 결정되면서 논의가 중단되었다. 이는 민주당과의 관계를 바라보는 진보 진영 내의 근본적인 차이를 다 극복하지 못한 결과이기도 했다. 결국 진보정당 간의 완전한 단결은 이루지 못한 채 민주당과의 연대를 통해 3석을 얻었다.

이제 4석의 의석을 가진 유일한 원내 진보정당으로서, 진보당 앞에는 막중한 과제가 놓여 있다. 다른 진보 세력의 인정 여부를 떠나, 진보 정치의 새로운 비전을 오직 자신의 실력과 힘으로 증명해내야 하는 무거운 책임이 우리에게 주어진 것이다.

10번의 도전

서른여섯 살, 울산지역 최연소 지방의원으로 당선되며 나의 정치는 힘차게 시작되었다. 하지만 그 이후의 길은 순탄치 않았다. 민주노동당 창당과 함께 구청장과 국회의원 선거에 모두 아홉 번을 도전했고, 그 과정은 숱한 낙선의 기록으로 채워졌다.

주변에서는 "한번 정치에 맛을 들이면 발을 못 뺀다더니…."라며 비아냥거리기도 했다. 아내와 가족들도 힘들어 했다. 하지만 내가 끊임없이 출마하는 이유는 세간의 짐작과는 결을 달리한다.

처음 구청장 출마를 결심했을 때를 떠올려 본다. 당시 남구 15개 동 중 내 기반인 무거동을 제외하면 인지도는 사실상 '0'에 가까웠다. 그러나 나는 꿈을 꾸었다. 비록 보수 세가 강한 남구일지라도, 수많은 노동자와 소상공인이 터를 잡고 살아가기에 우리가 서민의 삶에 밀착해 진심을 전한다면 분명 새로운 희망을 싹틔울 수 있을 거라 믿었다. 울산대학교를 졸업하고, 구의원을 거쳐, 야음동에서 가게를 운영하며 주민들과 부대껴온 마흔의 내가 해야만 할 시대적 소명이라고 흔쾌히 결단을 내렸던 것이다.

모스터로 본 1번의 구의원 당선과 이후 9번 도전과 낙선 흔적들

그렇게 시작된 여정이 2002년 구청장 선거를 필두로 2004년 국회의원, 2006년 구청장, 2008년 국회의원을 거쳐 2021년 구청장 재선거에 이르기까지 국회의원 3번, 구청장 6번이라는 쉽지 않은 궤적을 남겼다.

내가 반복되는 실패에도 멈추지 않았던 이유는 단 하나, '희망의 증거'를 만들고 싶었기 때문이다. 비정규직과 일용직 노동자들의 든든한 버팀목이 되는 정치, 중소 자영업자들의 삶을 지켜내는 정치를 실현하고 싶었다. 기후 위기에 대응하고 공동체의 따스한 문화가 숨 쉬는 도시를 만드는 일 또한 포기할 수 없는 과제였다.

비록 나 한 사람은 떨어질지라도, 내가 최선을 다해 뛰는 만큼 민주노동당의 뿌리는 깊어지고 비례대표 국회의원들을 배출할 토양은 비옥해질 것이라 믿었다. 나뿐만 아니라 전국 각지에서 이름도 없이 헌신하는 동지들이 있기에, 그 과정 자체가 이미 승리만큼이나 값진 결실이었다. 특히 수도권이나 충청도 등 울산보다 훨씬 척박한 땅에서 불평한마디 없이 헌신하는 당의 인재들을 생각하면, 울산 남구라는 환경은 오히려 나에게 과분하고 좋은 조건이라며 스스로를 다잡았다.

선거는 단순히 당선만을 목적으로 하지 않는다. 수많은 시민을 만나 우리의 정책을 알리고, 평범한 사람이 정치의 주인으로 한 걸음 나아가는 소통의 장이기도 하다.

남구청장 선거, 국회의원 선거를 여러 번 치르면서 항상 겪는 힘든 순간이 있었다. 첫 번째는 몇 달 전부터 선거운동을 시작하면서 점점 지지도가 올라가는 느낌이 들어 '지난번보다는 많이 나아지지 않았을까?'라는 기대를 할 때 즈음이면, 항상 언론사의 여론조사 결과가 보도되면서 내 기대와 현실이 다른 것에 낙담하게 되었다. 큰 실망감에 힘이 쭉 빠지는 느낌이 들고 잠시 휴식을 취할 수밖에 없었는데, 그런 시간은 오래 걸리지 않았고 실망감은 해소되었다. 그 이유는 내가 생각할 때 나보다 훨씬 훌륭한 후보들이 전국에서 10%도 안 되는 지지를 받는 상황에도 불구하고 씩씩하게 활동하는데, 최소한 10%는 넘고 선거비용 대부분을 돌려받는 15%를 넘는 것도 가능한데 힘 빠진다는 것 자체가 너무 호사스러운 것이라는 깨달음에 이르기 때문이다. 그래서 툭툭 털고 일어나곤 한다.

그리고 두 번째는 선거 끝나고 낙선사례도 하고 사무실 정리하면서 아래층의 트럭에 짐을 나르고 있을 때 시선들을 느낄 때이다. 특히 낙선 사례할 때 시장 상인 중에 막 우시는 분들을 보면 마음이 막 무너지기도 했다. 그래도 난 좀 담담하게 낙선 인사를 하려고 하는 편이다.

나의 지난 날들이 낙선으로 점철되었다고 해서 부끄럽거나 슬프지 않다. 뜨거운 태양의 눈부신 햇살 같았던 청춘을 다 바쳤고, 벼랑 끝으로 내몰린 노동자와 상인들의 거친 손을 움켜잡으며 함께 울고 웃었던 수많은 날이 있었기 때문이다. 당원 동지들, 노동자, 중소상인, 그리고 믿고 응원해준 이웃들과 함께 달려온 그 긴 시간은 낭비가 아니었다. 적어도 마음만은 세상 누구보다 행복했던, 생의 가장 찬란한 기록들이다.

윤석열 내란, 탄핵

2024년 12월 3일 밤 10시, 대한민국 국민은 물론 전 세계를 아연 실색하게 만든 사건이 터졌다. 윤석열 대통령에 의한 비상계엄 선포였다. 민주주의와 경제 성장의 모범 국가이자 K-컬처가 세계를 선도하는 21세기 대한민국에서, 80년대에나 있을 법한 '처단'이라는 섬뜩한 표현이 담긴 계엄령이 선포된 것이다.

그 밤, 국회 앞을 메운 성난 시민들과 야당 국회의원들의 저항, 그리고 다행히 소극적으로 임했던 계엄군에 의해 계엄령은 불과 몇 시간 만에 해제되었다. 하지만 국민의 분노는 걷잡을 수 없이 타올랐다. 윤 대통령은 집권 이후 건설 현장 노동자들을 탄압하고, 방통위 등 요직에 극우 인사들을 배치하며 국민적 실망을 자아내 왔다. 특히 AI 시대의 서막에서 국가적 역량을 집중해야 할 연구 예산을 삭감하는 등 소중한 'AI 골든타임'을 허비한 것은 국가 미래에 대한 진정성마저 의심케 했다. 그 끝이 결국 무리한 계엄령 선포였던 셈이다.

진보당은 이미 계엄 선포 직전부터 윤석열 탄핵 찬반 투표를 진행하며 투쟁의 파고를 높이고 있었기에 그 어느 곳보다 빠르게 대처할 수 있었다. 거대한 투쟁의 대오 속에서 우리 당원들은 맨 앞과 맨 뒤를 지키며 헌신적으로 임무를 수행했다.

그 뜨거웠던 날 중에서도 가장 잊지 못할 장면은 바로 '응원봉의 물결'이다. 1차 탄핵 소추안 표결이 예정되었던 12월 7일 토요일, 울산의 모든 조직은 역량을 총동원해 서울 국회 앞으로 향했다. 그곳에서 목격한 광경은 놀라움 그 자체였다. 광장을 가득 메운 이들은 중장년층만이 아니었다. 수많은 젊은이, 특히 여성들의 자발적인 참여가 광장을 활기로 채우고 있었다. 비록 1차 탄핵안은 통과되지 못했지만, 광장의 열기는 식지 않았다.

서울 일정을 마치고 내려온 대책위는 피로도를 고려해 일요일 집회 개최를 고민했다. 그러나 서울에 가지 못했던 울산 시민들의 강력한 요청으로 일요일 저녁 롯데백화점 광장에서 집회가 열리게 되었다. '사람이 얼마나 모일까?' 걱정하며 나간 나는 그곳에서 평생 잊지 못할 장엄한 풍경을 마주했다.

이미 롯데 광장은 인산인해를 이루어 경찰이 도로까지 개방한 상태였다. 그 중심에는 어제 서울을 다녀온 당원이나 노동조합원들보다 훨씬 많은 숫자의 청년들이 있었다. 그들의 손에는 촛불 대신 각자가 좋아하는 아이돌 그룹의 응원봉이 들려 있었다. 형형색색 빛나는 응원봉을 흔들며 K-팝을 부르고, 자신들만의 방식으로 민주주의를 외치는 그들의 모습은 경이로움 그 자체였다. 주최 측 또한 청년들의 감각에 맞춰 집회를 운영하려 애쓰는 모습이 역력했다.

평소 젊은 세대와 어떻게 공감할 것인가를 늘 고민해왔던 나로서는 가슴 벅찬 눈물이 쏟아질 만큼 감동적인 순간이었다. 이 자발적이고도 세련된 분노가 결국 역사를 움직였다. 마침내 그다음 주 토요일, 국회에서 탄핵안이 가결되며 윤석열의 모든 권력은 중단되었다. 2차 계엄의 공포와 북한과의 국지전 시도 같은 극단적 위기를 우리 국민의 힘으로 넘긴 것이다.

그날 밤 롯데 광장을 수놓았던 응원봉의 불빛들은, 대한민국 민주주의가 새로운 세대의 손에 의해 더욱 밝고 단단하게 이어지고 있음을 증명하는 희망의 빛이었다.

4장

나는 왜 진보당인가?

골목골목 소상공인들의 소외와 어려움

뉴스를 보면 소상공인들이 벼랑 끝이라는 탄식과 정부의 지원 방안이 연일 보도되지만, 정작 우리네 골목 상권은 철저히 소외된 사각지대로 남아 있다. 정부에서 수조 원 규모의 온누리상품권을 발행한다고 호들갑을 떨어도 정작 골목 가게들은 그림의 떡일 뿐이다. 온누리상품권은 주로 전통시장에서만 사용할 수 있기 때문이다. 물론 '골목형 상점가'로 지정되면 사용할 수 있다는 제도가 마련되기는 했으나, 현장의 상인들은 그런 제도가 있는지조차 모르는 실정이다. 행정 기관 역시 요건을 갖춰 서류를 들고 오면 처리해 주겠다는 식의 소극적인 태도에 머물러 있으니, 하루하루 가게 꾸리기에 정신없는 소상공인들이 복잡한 절차를 스스로 알아내 추진하기란 사실상 불가능에 가깝다.

전통시장에 준하는 혜택을 받기 위한 열쇠는 바로 '골목형 상점가' 등록이다. 이를 위해서는 가장 먼저 해당 구역 상인들이 상인회를 결성해야 한다. 지자체 조례에 따라 '2,000㎡ 이내 면적에 15개 이상의 사업자 등록 점포 가입'과 같은 기준을 맞춰야 하고, 상인회 정관 작성, 신청서 및 동의서 등 까다로운 행정 절차를 거쳐야 한다. 등록이 확정된 후에도 온누리상품권 가맹점 등록이라는 또 다른 산을 넘어야 한다. 이렇듯 각자도생하며 힘겹게 버티는 상인들에게 이런 과정은 너무나 높고 단단한 벽이다.

다행히 2025년 들어 울산의 대부분 구청이 조례를 개정해 가입 조건을 완화했다. 특히 주목할 점은 진보당 김종훈 구청장이 있는 동구와 진보당 윤종오 국회의원의 지역구인 북구를 중심으로 골목형 상점가가 눈에 띄게 늘어났다는 사실이다. 이는 진보당이 이 문제를 민생의 핵심 과제로 삼고 현장을 발로 뛴 결과이기도 하다. 현재 내가 맡은 진보당 울산시당 민생특위에서도 울산 전역을 대상으로 이 사업을 지속해서 추진하며 상인들의 손과 발이 되어 주고 있다.

나는 우리 남구의 전 지역을 골목형 상점가로 등록하는 담대한 구상을 하고 있다. 기업들이 구입한 온누리상품권이 시장 담장을 넘어 남구의 어떤 골목 가게에서도 자유롭게 쓰일 수 있도록 해야 한다. 또한 '울산페이' 결제 시 추가 할인 혜택까지 더해진다면 금상첨화일 것이다. 무엇보다 상인회가 조직되어야만 정부나 지자체의 경영 환경 개선 사업 등 당연히 누려야 할 지원도 비로소 가능해진다.

국가가 수조에서 수십조 원의 예산을 쏟아부어도 준비된 지역이 그 예산을 다 가져가 버린다면, 우리 남구 상인들은 얼마나 억울한 일인가. 좋은 제도가 마련되어 있음에도 적극적으로 행정력을 발휘하지 않는 지자체의 속내가 참으로 궁금하고 답답할 따름이다. 골목 상권이 살아야 지역 경제의 실핏줄이 돈다. 나는 오늘도 상인들의 목소리를 담아 골목의 지도를 다시 그려나가고 있다.

민간 배달플랫폼 대기업의 횡포

코로나19 팬데믹 이후 음식 배달 시장은 폭발적으로 성장했다. 배달의민족, 쿠팡이츠, 요기요 같은 거대 배달플랫폼 기업들은 이 기회를 틈타 몸집을 엄청나게 불렸고, 이제 소상공인들에게 배달은 선택이 아닌 생존을 위한 필수 조건이 되었다. 문제는 시장 지배력을 장악한 플랫폼 대기업들이 '갑'의 지위를 이용해 '을'인 가맹점주들을 압박하기 시작했다는 점이다.

그들의 전략은 명확하다. 소비자들에게 '배달비 무료'라는 달콤한 미끼를 던져 자사 플랫폼으로 끌어들이고 시장 점유율을 높이는 것이다. 하지만 이 무료 배달의 비용을 플랫폼 기업이 부담하는 것이 아니라, 가맹점주들이 고스란히 떠안고 있다는 사실은 잘 알려지지 않았다.

내가 직접 운영하는 국밥집의 사례를 보면 그 수탈의 구조가 더 선명해진다. 손님이 국밥 두 그릇을 주문해 18,000원을 결제하면, 플랫폼은 운영 수수료, 배달비, 결제 수수료 등의 명목으로 떼어가고 나에게는 약 12,000원가량만 입금해준다. 그뿐인가. 조금이라도 메뉴가 상단에 노출되게 하려면 광고를 신청하여 소비자가 가맹점을 한번 클릭할 때마다 200원, 300원, 500원씩 미리 입금된 광고비를 차감하는 방식이다. 한번 클릭당 금액이 높을수록 상단에 노출 빈도가 높아지는 구조이다. 주문까지 이어지지 않더라도 누군가 클릭할 때마다 내 주머니에서 돈이 빠져나가는 구조다. 더 높은 광고비를 써야 더 잘 보이는 방식이니, 상인들끼리 제 살 깎기 경쟁을 하는 셈이다.

9,000원짜리 국밥 한 그릇을 배달하면 내 손에 쥐어지는 건 6,000원도 채 되지 않는다. 재료비, 인건비, 세금, 운영 경비를 떼고 나면 사실상 남는 것이 전혀 없다. 그런데도 왜 배달을 멈추지 못하는가. 홀장사가 안되니 내 인건비와 직원 급여, 가게 임대료는 어차피 나가는 고정비라 치고, 국밥 한 그릇 팔아 단돈 천 원이라도 보태야 한다는 절박함 때문이다.

이런 횡포를 막기 위해 이른바 '배민법'이라 불리는 플랫폼 규제 법안들이 제출되고 있지만, 통과까지는 갈 길이 멀다. 지자체마다 공공 배달플랫폼을 운영하고는 있으나 홍보 부족과 시스템 미비로 지지부진한 상태라 소상공인들에게 실질적인 도움이 되지 못하고 있다.

하지만 공공 배달플랫폼에는 확실한 돌파구가 있다. 바로 지역화폐와 연동된다는 점이다. 올해 지역화폐를 사용하면 약 10%의 할인을 받을 수 있고, 여기에 내가 강조해온 '골목형 상점가'로 등록된다면 5%의 추가 할인이 가능해진다. 소비자가 20,000원어치를 주문하면 앉은 자리에서 3,000원을 아끼는 구조다. 게다가 공공 배달앱은 운영 수수료가 민간 플랫폼의 30% 수준이거나 아예 무료인 경우도 많다. 정부 부처와 지자체의 각종 할인 혜택까지 더해진다면, 소비자가 배달비를 부담하더라도 최종 결제 금액은 '배달비 무료'를 내건 민간 플랫폼보다 오히려 낮아질 수 있다.

결국 공공 배달플랫폼을 활성화하고 골목형 상점가를 확대하는 것은 대기업의 수탈로부터 소상공인의 땀방울을 지키고, 소비자에게는 진짜 실익을 돌려주는 '상생의 정치'를 실천하는 길이다.

◉ 의지가 부족한 행정당국

결국 핵심 문제는 지자체의 의지 부족이다. 더 정확히 말하자면 자치단체장의 인식 부재와 그로 인한 예산 및 정책의 결핍이 근본적인 원인이다. 담당 공무원들이야 정해진 지침과 조건에 따라 집행을 위해 나름의 노력을 다하겠지만, 이는 단순히 실무의 영역이 아니다. 벼랑 끝에 내몰린 소상공인의 삶을 어떻게 살려낼 것인가에 대한 지도자의 치열한 정책 의지가 결여되어 있다는 점이 문제다.

대기업의 성장을 돕는 지원은 경제를 살리는 '투자'로 보면서, 소상공인을 위한 정책은 그저 퍼주기식 '복지나 일회성 소비'로 치부한다면 이는 대단히 잘못된 생각이다. 소상공인은 지역 경제의 실핏줄이며, 이들이 무너지면 지역 공동체 전체가 위태로워지기 때문이다.

현재 울산의 공공 배달플랫폼 상황을 보면 더욱 답답하다. 관계 부서에서 열악한 여건 속에 나름 애를 쓰고는 있겠으나, 거대 자본을 앞세운 민간 플랫폼 기업들의 파상공세에 맞서기에는 경쟁력 자체가 턱없이 부족한 구조다. 이를 극복하기 위해서는 단순히 '운영 중'이라는 생색내기에 그칠 것이 아니라, 압도적인 정책 지원과 과감한 예산 투입이 뒷받침되어야 한다.

골목골목 상가를 방문할 때마다 분노에 찬 가맹점주들의 목소리를 듣는다. 대기업 플랫폼에 피땀 흘려 번 돈을 수수료로 고스란히 바쳐야 하는 그들의 절규를 울산시와 각 구청의 단체장들이 제발 직접 들어보길 바란다. 민생을 살리겠다는 구호가 헛구호에 그치지 않으려면, 지금 당장 소상공인들의 절박한 생존 투쟁에 행정이 응답해야 한다.

살맛 나는 세상을 위해

◉ 골목골목 희망 가득

나는 우리 남구의 골목골목이 주민들의 다양한 삶이 서로 어우러지고, 협력과 희망을 나누는 '도시형 공동체'로 거듭나기를 꿈꾼다. 아파트 주민과 골목 상인, 주택가 이웃과 학교, 종교 시설, 문화 공간, 그리고 인근의 기업들까지. 이들이 서로 마음을 열고 도움을 주고받으며, 기후 위기 같은 공동의 과제를 생활 속 실천으로 해결해 나가는 살맛 나는 동네를 만들고 싶다.

구체적으로는 부산에서 성공적으로 운영 중인 '우리 동네 ESG 센터'를 도입해 재활용 자원을 관리하며 어르신과 청년들을 위한 일자리를 만들고 싶다. 또한, 울산 동구에서 시행 중인 '우리 동네 관리사무소'를 남구 주택가와 상점가에도 세워, 주민의 소소한 민원을 즉각 해결하는 생활 밀착형 행정을 펼치고 싶다.

환경과 일자리 문제를 동시에 잡는 해법도 고민하고 있다. 음식 배달 과정에서 발생하는 엄청난 양의 일회용품을 줄이기 위해 다회용기 사용 시스템을 구축하고, 이 용기들을 수거하고 세척하여 다시 배달하는 과정을 동네의 '사회적 일자리'로 전환하는 것이다.

아파트 공동체 문화에 대한 지원을 대폭 확대하고, 아이들의 안전한

등굣길을 위해 지역의 교회, 성당, 복지기관 등 다양한 주체들이 함께 머리를 맞대는 구조를 만들고 싶다. 주민이 함께 모여 교육을 받고 동네의 필요를 논의하는 자리가 일상이 된다면, 남구의 골목골목은 다시금 희망으로 가득 찰 것이다. 행정이 앞장서서 판을 깔고 주민이 주인이 되어 걷는 이 길이야말로, 내가 꿈꾸는 진보 행정의 미래이자 공동체의 완성이다.

◉ 울산 시민 인터뷰

작년부터 진보당 울산시당과 남구의 당원들은 골목골목을 누비며 주민의 목소리에 귀를 기울여왔다. 현장에서 직접 만난 주민의 삶은 예상보다 훨씬 고단했고, 그분들이 겪는 애로사항의 무게 또한 결코 가볍지 않았다. 때로는 정치인이나 전문가가 미처 생각지 못한 날카로운 정책 대안을 주민으로부터 배우기도 했다.

전문가들이 책상 위에서 만드는 정책도 의미가 있겠지만, 삶의 현장에서 길어 올린 주민들의 목소리야말로 가장 살아있는 정책이다. 생업을 뒤로하고 동네 구석구석을 돌며 소중한 의견을 모아준 진보당 당원들에게 깊은 감사를 전한다. 나는 이렇게 모인 민원과 대안들에 각 동네의 이름을 선명히 새겨 '남구청장 후보 정책자료'로 만들 계획이다. 내가 그동안 고민해온 구상에 주민들의 실질적인 요구를 추가

해, 명실상부한 '주민 맞춤형 정책'을 완성하고자 한다.

그간 현장에서 들었던 구체적인 사례들을 몇 가지 소개하면 다음과 같다.

무거·삼호 지역: 태풍 때 인도교가 붕괴된 이후, 주민들은 차량 통행만 가능한 구 삼호교를 위태롭게 이용하고 있다. 안전을 위해 인도 데크를 설치하거나 일방통행 구간으로 지정해달라는 절박한 요구가 컸다. 또한, 신복 일대를 중심으로 한 만성적인 주차 문제 역시 시급히 해결해야 할 과제다.

옥동·신정2동 지역: 군부대 이전 부지 활용에 대한 의견이 많다. 특히 교통 체증이 심한 옥동의 현실을 고려하지 않은 대규모 아파트 건립에 대해서는 우려와 비판의 목소리가 높았다.

대현동 지역: 새로 들어서는 학교 인근의 어린이 통학로 안전 문제가 집중적으로 거론되었다. 우리 아이들의 생명과 직결된 문제인 만큼 행정의 최우선 순위가 되어야 한다는 지적이다.

달동 지역: 폐교 예정인 동평초등학교 부지 활용에 대한 주민의 아이디어가 빛났다. 학교 운동장을 주민 주차장으로 개방하거나, 교실 일부를 작은 도서관으로 운영하자는 등 지역 공동체를 위한 다양한 제안이 쏟아졌다.

이처럼 주민의 요구가 하나로 모인다면 그것이 곧 울산의 미래가 되어야 한다. 주민의 의견이 공허한 외침으로 끝나지 않고 실제 행정에 반영될 수 있도록 하는 것, 그것이야말로 지금 우리 정치권이 짊어져야 할 가장 무거운 책임이다. 나는 주민의 진심 가득한 이 제안을 가슴에 품고, 남구의 골목마다 희망의 정치를 실현해 나갈 것이다.

◉ 노동자 종합지원센터

울산에는 수많은 노동자가 근무하고 있다. 특히 일용직 근로자와 중소기업 종사자들은 산업 현장의 최전선에서 땀 흘리며 일하지만, 정작 그들을 위한 복지와 지원 인프라는 매우 부족한 실정이다. 이러한 현실을 개선하기 위해, 접근성이 좋은 지역에 노동자를 위한 종합지원센터를 건립하는 것이 필요하다.

이 센터에는 법률·행정 상담, 건강지원센터(보건지소 수준), 취미·문화·체육 프로그램, 휴식 공간, 교양강좌, 취업 및 직업훈련 지원 기능을 갖추면 좋겠다. 단순한 복지시설이 아니라, 노동자들이 몸과 마음을 회복하고 새로운 삶의 활력을 얻을 수 있는 통합 복지 거점이 되어야 한다.

또한 산업단지 곳곳을 순회하는 공단 셔틀버스의 거점 역할을 함께 부여해, 출퇴근이 어려운 노동자들도 쉽게 이용할 수 있도록 해야 한다. 아울러 플랜트 건설노조와의 협의를 통해 주차문제 등, 현장의 목소리를 직접 반영하고 실질적인 정책으로 연결하기 위한 협력체계의 구축도 필요하다.

유해 화학물질과 산업재해의 위험 속에서도 묵묵히 일하는 노동자들에게, 최소한의 안전망과 따뜻한 휴식처를 마련해주어야 한다. 그것이 산업단지를 성장할 수 있게 한 이들에게 사회가 돌려줘야 할 기본적인 예의이다.

남구의 대기오염 이대로 정말 괜찮은가?

우리 작은아들은 무거동에서 태어나 얼마 지나지 않아 야음동으로 이사해, 그곳에서 자랐다. 그런데 어린 시절부터 아토피로 심하게 고생했다. 원인을 정확히 단정할 수는 없지만, 나는 울산의 대기질이 어느 정도 영향을 미쳤을 것으로 생각한다. 실제로 아토피를 비롯한 호흡기·피부 질환을 앓는 아이들이 주변에도 많았고, 그때부터 나는 이 문제에 깊은 관심을 갖게 되었다.

아이의 고통을 계기로 관련 자료를 찾아 모으고, 전문가들을 만나 의견을 들었으며, 환경문제와 건강의 상관관계에 대한 토론회와 공청회를 여러 차례 주최했다. 내가 울산시민공동행동의 집행위원장을 맡았을 때는 특히 이 문제를 집중적으로 다루었다. 당시 전문가 초청 토론회에서 제시된 자료에 따르면, 울산 산업단지 인근 거주민의 건강 지표는 전국 평균에 비해 심각하게 열악했다. 남성의 경우 주요 질환 발병률이 전국 평균의 1.6배, 여성도 1.33배에 달했다. 또 고혈압성 질환으로 인한 사망률은 2.15배, 만성하기도 질환 1.78배, 뇌혈관 질환 1.59배에 이르는 등, 주로 혈관계·호흡기계 질환 사망률이 전국적으로 매우 높은 수준이었다.

울산은 대기업이 밀집해 있고, 정기적인 건강검진 시스템이 잘 갖춰져 있어 중대 질환으로의 진행이 상대적으로 낮을 것이라는 일반적 기대가 있었다. 그럼에도 불구하고 이런 결과가 나온 것은 매우 심각한 문제였다. 오랫동안 이러한 상황과 산업단지 공해 간의 인과관계를 명확히 밝히기 어려웠으나, 최근 환경부의 예비타당성 조사 결과에서 그 상관성이 일정 부분 확인되면서 본격적인 정책적 대응의 필요성이 제기되었다.

이런 와중에 울산에서는 공단 배출가스 수치 조작 사건이 발생했고, 검찰이 수사에 착수하였다. 이 사건은 기업의 자율 측정에 의존해온 기존 제도의 허점을 여실히 드러냈다. 앞서 여수에서도 유사한 사건이 있었는데, 당시에는 90개 업체가 고발되고 5명이 구속, 78명이 불구속 기소되는 등 강력한 조치가 이루어졌다. 반면 울산의 경우는 이보다 훨씬 미흡한 대응에 그쳤다.

또한 남구 야음근린공원을 아파트 부지로 전환하려던 시의 개발계획이 드러나자, 나는 진보당과 시민대책위원회와 함께 강력히 반대 운동을 전개했다. 야음공원은 공단으로부터 시민의 생활권을 보호해주는 중요한 완충 녹지로, 이를 훼손하는 것은 환경정책의 기본 취지에 반하는 일이었다. 특히 삼산지역은 항상 공단으로부터 불어오는 공해 냄새 때문에 많은 피해를 입어온 지역이어서 더 민감한 반응을 보일 수밖에 없었다. 결국 아파트 건설은 현재까지 중단된 상태이지만, 정작 공단 주변의 녹지를 확충하고 생태 복원을 위한 실질적인 대책은 여전히 마련되지 못하고 있다.

남구가 진정으로 '살맛 나는 도시'가 되기 위해서는, 그리고 시민과 공단 노동자들의 건강권을 지키기 위해서는, 무엇보다 환경문제에 대한 전국 최고 수준의 엄격하고 지속적인 관리·감독이 필요하다. 또 이를 뒷받침할 산업단지 환경연구소 등의 설립을 통해 울산뿐 아니라 전국 공단지역의 환경 피해를 최소화할 대책을 마련해야 한다. 아울러, 산업단지에서 막대한 환경세를 거둬가는 중앙정부 역시 지역의 환경 개선과 주민 건강 회복을 위한 적극적인 재정 지원과 정책적 뒷받침을 해야 한다.

민중이 가장 훌륭한 정치인

진보당의 새로운 진보 정치의 전망을 세우기 위한 슬로우건 중에 하나로 '민중이야말로 가장 훌륭한 정치인이다'라는 구호가 있다.

항상 느끼는 것이지만 집단지성에 대한 신뢰는 쉽지 않다. 어떤 목표를 가진 사업을 추진할 때 가장 올바른 방법을 만들어내기 위해서는 과학적인 분석과 전문가의 종합적 이해에 기초한 계획이 나오는 것이 타당하다. 그러다 보니 중요한 사업을 대중과 함께 결정할 때 거의 미리 결론을 내놓고 요식적 혹은 납득시키는 방식의 회의 진행이 이루어지기 일쑤이다.

하지만 기본적인 정보만 충실히 제공한다면 항상 대중의 토론 결과는 전문가나 정치인의 결론과 크게 다르지 않다. 오히려 더 살아 숨쉬는 구체적인 계획을 낼 수 있는 내용도 나오기도 하고, 추후 사업을 추진함에도 동력을 확보할 수 있는 계기가 되기도 한다. 무엇보다 이런 결정을 내린 주체로서의 주인의식과 책임의식, 또 성과에 대한 자부심 등이 큰 의미를 지닌다.

진보당은 이러한 관점에서 주권자인 민중이, 시민이, 당원이 함께 참여하는 과정을 가장 중요한 주권자 중심의 새로운 활동 방식으로 생각한다. 진보당은 지금 진행하고 있는 110만 시민인터뷰 등 이전에도 전국 각 지역에서, 울산의 각 구에서 주민대회를 개최해 오고 있다. 주민이 직접 참여하여 조직위원회를 만들고 다양한 주민 의견 수렴과 정을 통해 모인 내용을 과학적 분석을 통한 의제로 제출하고 주민투표로 주민 요구사항의 우선순위를 정하게 된다. 특히 동구는 모범이었는데 염포산 터널 통행료 면제가 그것이다.

그 외에도 하청노동자의 처우개선 문제, 남구의 야음근린공원 문제, 울주의 산업폐기물 매립장 문제 등 주민대회의 의제들이 주민투표를 통해 힘을 얻고 성과를 만들어내고 있다. 이는 앞으로도 대단히 중요한 정치철학이며 현실 속에서의 위력적인 대중 정치운동으로 발전하도록 해야 하겠다.

나는 왜 진보당인가?

돌이켜보면 나의 삶은 언제나 선택의 연속이었고, 그 중심에는 항상 '힘 있는 쪽'보다는 '힘이 부족한 쪽'을 향하는 마음이 있었다.

그 시작은 초등학교 6학년 시절로 거슬러 올라간다. 당시 학교에는 부모의 사회적 지위나 경제력이 뒷받침되는 아이들, 소위 '잘 나가는' 아이들이 주축이 된 축구팀이 있었다. 그 팀은 아이들 사이에서 일종의

'주류'로 통했다. 하지만 그 반대편에는 그들과 어울리지 못하거나 주눅이 들어 끼지 못한 아이들이 있었고, 그들은 자연스럽게 '비주류'로 밀려나 있었다.

어느 날, 소외되었던 아이들이 모여 자신들만의 팀을 만들기로 했다. 당시 비교적 주류 쪽에 속해 있던 나는 이상하게도 그 비주류 팀으로 마음이 기울었다. 아이들이 느꼈을 소외감이 안타까웠기 때문이었으리라 짐작한다.

나는 화려한 주류 팀 대신 비주류 팀 아이들과 함께 뛰는 것을 택했다. 힘 있는 자들의 편보다 힘없는 사람의 곁에 서고자 했던 내 삶의 이정표는 아마도 그때부터 어렴풋하게나마 세워졌던 것 같다.

이러한 선택의 기조는 대학 시절에도 이어졌다. 나는 동기, 선후배들과 두루 잘 지냈고 교수님들의 신뢰도 두터웠다. 하지만 안정된 울타리 안에만 머물기에 내 마음 한편에 자리 잡은 사회적 불평등과 부조리에 대한 문제의식은 너무나 컸다. 결국 나는 사회 모순을 해결하기 위해 학생 운동에 투신했다. 제적과 구속이라는 가혹한 불이익을 감수해야 했지만, 그때의 선택을 후회하지 않는다. 그 시절의 경험은 '누구의 편에 설 것인가'라는 근원적인 질문에 대한 나의 첫 번째 대답이자, 인생의 방향을 결정 지은 소중한 전환점이었다.

김기현 의원과의 세 번째 국회의원 선거 격돌을 위한 전진대회, 야권단일후보 개나리 진달래 연대후보 김진석

　서른여섯 살, 무소속으로 구의원에 당선되며 본격적인 정치의 길에 들어섰다. 거대 정당의 공천이라는 쉬운 길을 마다하고 험난한 진보 정치의 길을 택한 것은 나에게 너무나 당연한 결단이었다. 이후 나는 김기현 의원과 세 차례의 국회의원 선거를 치렀고, 이채익, 김두겸, 서동욱 후보와 여섯 번의 구청장 선거도 치렀다.

　누군가는 이 반복되는 과정을 낙선과 패배의 기록으로 보기도 한다. 하지만 나에게 이 시간은 단순한 선거의 연속이 아니었다. 그 속에는 서민의 삶 속에서 희망을 찾아내려는 꾸준한 의지와 진보 정치가 지향하는 가치가 쉼 없이 흐르고 있었다. 9번의 낙선으로 점철된 고단한 길이었음에도 당당할 수 있는 이유는 내가 항상 내 신념의 방향으로 걸어왔기 때문이다.

나의 정치란 결국 우리 사회의 가장 낮은 곳, 즉 약자의 편에 서는 일이다. 거대 양당이 대변하지 못하는 서민들은 이 사회에서 가장 소외된 약자이며, 그들의 목소리를 세상에 내놓는 것이 내가 정치를 하는 유일한 이유다. 그렇기에 나는 오늘도 그들의 삶을 온전히 대변하기 위해 진보당의 길을 걷는다. 서민이라는 약자의 곁을 지키는 것, 그것이 나의 운명적인 선택이자 진보당을 지키는 단 하나의 결론이다.

◉ 하루에도 몇 번씩 듣는 이야기가 있다

바로 왜 진보당이냐 라는 거다. "다른 큰 정당에 갔으면 벌써 되고도 남았을 텐데"라는 이야기이다. 실제로도 여기서 모두 공개할 수는 없지만 몇 차례 러브콜을 받은 것도 사실이지만, 모두 다 1초의 망설임도 없이 그러나 정중하게 그런 뜻이 전혀 없음을 설명해 드렸다.

생각지도 못했던 분들이 나를 아끼는 마음에 정치적 전향을 권유하며 도와주려 애쓰셨던 기억이 난다. 그중 한 분이 심완구 전 울산시장님이다. 시장직에서 은퇴하신 뒤 서울에 계셨는데, 언젠가 민주당 선거운동 지원을 위해 울산에 오셨을 때 함께 활동한 적이 있었다. 그때부터 나를 유심히 지켜보시고 좋게 생각하셨던 모양이다. 서울에 가서도 가끔 전화를 걸어와 "민주당에서 공천받을 수 있게 다리 역할을 해줄 테니 잘 생각해 보라"라고 권유하셨다. 나는 내 신념을 정중히 설명해 드렸지만, 그 뒤에도 계속 전화를 주셔서 나중에는 이해를 돕기 위해 꽤 강한 어조로 내 의지를 말씀드렸던 기억이 난다. 민주당으로 자리를 옮겼던 고원준 전의원 님 역시 나를 위해 마음을 많이 써 주셨다.

또 하나 재미있는 뒷이야기도 있다. 내가 구의원으로 활동하던 시절, 당시 한나라당의 모 국회의원이 내가 무척 마음에 든다고 기자들에게 "와, 우리 당엔 저런 친구가 없노"하며 자주 입버릇처럼 칭찬하셨던 모양이다. 참다못한 한 기자가 의원님께 "의원님, 김진석 의원을 데리고 오는 것보다 의원 님이 민주노동당에 입당하시는 게 훨씬 빠르겠습니다"라며 핀잔 섞인 농담을 던졌다는 이야기를 전해 듣고 한참을 웃기도 했다.

무엇보다 민주당 원로 선배님들의 애정을 많이 받았다. 내가 정치를 시작한 1998년부터 2012년 정도까지 울산에서 민주당은 큰 존재감이 없던 시절이었다. 당시 제1야당의 역할을 민주노동당이 압도적으로 수행하고 있었기에, 오랜 세월 독재 정권의 탄압 속에서도 신념을 지켜온 그 원로분들의 눈에는 당은 다르지만 치열하게 현장을 누비는 젊은 정치인이 기특하고 대견해 보였을 것이다.

당적을 떠나 많은 분이 보내주신 그 애정 어린 시선과 권유들은 결국 나에 대한 신뢰의 표현이었음을 잘 알고 있다. 그분들의 기대에 부응하는 길은 자리를 탐해 당을 옮기는 것이 아니라, 내가 선택한 이 길에서 증명해 보이는 것임을 다시금 되새기게 된다.

특히 진보 정당이 뿌리 내리기 어려운 남구에서 나름의 성과를 일궈가는 모습을 보며, 선배님들은 늘 큰 애정을 보내주셨다. 그런 선배님들을 뵐 때면 나 역시 당적을 떠나 오랜 세월 험난한 투쟁의 길을 걸어온 선배를 마주하는 마음으로 정성을 다해 예우하려 노력한다. 이제는 많이 연로하신 분들이 많아 늘 건강하시기를 간절히 바랄 뿐이다. 그분들이 청춘을 다 바쳐 지켜온 신념처럼, 세상이 조금이라도 더 나아지는 모습을 꼭 보셨으면 하는 마음이다.

더불어 척박한 현실 속에서도 생각보다 훨씬 많은 분이 보이지 않는 곳에서 나를 지지하고 응원해주고 계심을 문득문득 깨닫는다. 특히 첫 선거부터 지금까지 단 한번도 빠지지 않고 나의 편이 되어준 지금은 민예총 이사장이신 김교학 선배님, 그리고 황정민, 황일용, 장병진, 정봉원, 그리고 가까운 가족 같은 브니엘의 동기들과 선후배 모든 분들의 전폭적인 사랑, 민주 택시 위원장님들의 한결 같은 믿음, 새날여는 청년회부터 지금 오랜 시간이 지나고서도 함께 하고 있는 유기준을 비롯한 손중식, 김한성, 남민수, 황창현 님 등, 옛 울산대 민주동문들, 소상공인 포럼 그리고 울산사랑모임에서 함께 하신 역대 회장님들과 회원님들, 건사모, 일성조기회, 무거동 원장모임, 두리회 등등 가슴 깊은 곳에서 울컥하는 감사함과 고마움을 느낀다. 그 진심 어린 지지야말로 내가 이 길을 포기하지 않고 꿋꿋이 걸어갈 수 있게 하는 가장 큰 버팀목이다.

진보당, 사회의 본질적인 변화를 끌어내는 당

개인의 입신양명을 최우선으로 두었다면 분명 다른 길을 선택할 수도 있었을 것이다. 하지만 내가 추구하는 정치는 개인의 영달과는 거리가 멀다. 거대 양당이 번갈아 정권을 잡아 왔음에도 서민의 살림살이는 여전히 팍팍하고, 빈부격차는 갈수록 벌어지며, 청년이 희망을 잃어가는 까닭은 우리 사회의 뿌리 깊은 구조적 문제에 기인하기 때문이다.

국민은 극단적인 극우 정치 세력에 의해 나라가 위태로울 때마다, 현재로서 유일한 대안 세력인 민주당에 힘을 실어주며 민주주의와 경제 위기를 지켜내기도 했다. 민주당 안에도 훌륭한 의원들과 헌신적인 당원들이 많이 계시지만, 정당 전체로서 가지는 한계 또한 뚜렷하기에 역설적으로 극우 세력이 집권할 수 있는 빌미를 제공하기도 한다.

나는 이러한 사회의 본질적인 변화를 끌어내는 동력이 바로 '진보 정치 운동'이라고 믿는다. 시대가 변함에 따라 투쟁의 양상과 방식은 달라질 수 있으나, 철저히 서민의 편에 서서 그들의 눈높이로 사회 변화를 추진한다는 본질은 변하지 않는다. 진보 정치는 고정된 틀에 갇힌 것이 아니다. 다만 거대한 기득권 카르텔에 맞서 서민의 삶을 지키기 위해서는, 어떤 고난도 마다하지 않는 단단한 신념과 결집한 조직의 힘이 필요할 뿐이다.

다가올 AI 4차 산업혁명 시대를 바라보는 나의 시각도 이와 궤를 같이한다. 인공지능은 인간의 삶을 편리하게 만들고, 저비용·고효율의 혁신을 가져오겠지만, 이면에는 이미 시작된 일자리 위기를 더욱 가속할 위험이 도사리고 있다.

일자리를 잃거나 기회조차 얻지 못한 이들의 구매력 저하가 결국 생산의 차질로 이어지기에, 복지 확대나 기본소득 같은 형태의 타협안이 제시될 것이다. 그러나 이는 임시방편일 뿐이며, 그 과정 또한 결코 순탄치 않을 것이다. 자본의 논리에만 맡겨둔다면 새로운 세상의 불평등은 지금보다 훨씬 더 심화될 가능성이 크다. 그렇기에 우리는 기술의 진보가 소수의 독점이 아닌, 모두의 존엄한 삶으로 이어지도록 끊임없이 목소리를 내야 한다.

에너지 문제도 간과할 수 없다. 데이터센터 등에 들어가는 막대한 에너지는 자칫하면 기후 위기를 더욱 가속하는 계기가 될 수도 있다. 먼저 속도를 제어하고 감당할 수 있는 방식에 대한 합의를 이루어내어야 한다는 이야기도 같은 맥락일 것이다. 그러나 트럼프 같은 존재로 인해 정의에 기초한 사회적 통제도 기대할 수 없는 상황도 예상된다.

이러한 시대에서 진보 정치는 우리 서민들의 삶과 연관된 구체적이고 생활적인 부분에서부터 기후 위기와 인류의 지속 가능한 미래에 대한 거대 담론에 이르는 공론화를 추진해 나가야 한다. 기성 거대 양당의 정치구조 속에서 나름의 좋은 역할을 하는 것도 의미 있겠지만, 보다 확실한 서민의 편이 되어서 불확실한 미래에 대해 소통하고 공감하면서 함께 대응해 나가는 정치를 하고자 하는 것이다.

민주노동당이 무상교육, 무상의료, 부유세를 얘기하며 불평등 사회의 모순과 사회의 기본문제 해결을 제안하였다면, 이제 진보당은 새로운 시대로 급격하게 변화하고 있는 시대에 인간의 가치와 생존, 지속 가능한 환경, 그리고 민주적이고 정의로운 사회 시스템의 구현을 위한 담론과 투쟁을 시작해야 할 때라고 생각한다.

그런 점에서 울산에서의 진보 정치 집권은 실험이며 또 그 가능성을 여는 중요한 터닝 포인트가 될 것이라 본다. 그리고 이를 확실하게 뒷받침하는 남구에서의 변화가 절실해지는 것이다.

브라질 포르투 알레그레는 어떻게 가능했나?

1980년에 브라질 노동자당이 창당되었다. 그리고 88년 지자체에 당선자들을 배출했다. 그중에 포르투 알레그레시가 있다. 브라질 최남단의 리우그란데 두술주의 수도로 인구 350만이 사는 브라질 제2의 경제도시다.

노동자당이 포르투 알레그레에서 집권하자 생활의 전 분야에 걸친 시 예산의 배정과 집행에 지역주민들이 민주적으로 참여하고 결정하는 참여예산제를 도입하였다. 이를 통해 예산 결정과 집행에 이르는 전 과정의 투명성을 확보했다.

고질적인 부정부패가 사라지고 각 분야에서 눈부신 개선들이 이루어지게 되었다. 모든 거대 언론은 비난을 쏟아냈지만, 새로운 종류의 민주주의가 싹트는 새로운 사회의 실험이 성공적으로 이루어졌다.

2002년 룰라가 대통령에 당선될 때도 구호 중의 하나가 '포르투 알레그레에서 전국으로'였을 정도였다. 14년간 실험을 성공적으로 이루어낸 이 도시에서 세계경제포럼(다보스포럼)의 개최에 맞서 전 세계 진보 진영에서 개최하는 세계사회포럼이 해마다 개최되고 있는 이유도 이런 힘에 근거하고 있다.

울산의 진보당도 새로운 실험을 하고자 한다. 거대 양당의 틈 속에서 정권이 바뀌어도 변하지 않는 서민들의 처지에 희망을 줄 수 있고, 진보의 가치가 전국적으로 빛날 수 있는 진보의 실험이 그것이다.

노동운동의 메카이자 보수 정당의 강세 지역이라는 상반된 특성이 존재하고, 거대 양당의 틈 속에서 진보가 존재감을 나타내는 곳, 울산에서의 진보 정치의 실험은 큰 의미를 지닌다고 생각한다.

'울산에서 전국으로, 민중이 가장 현명한 정치인입니다'

진보당의 소상공인 지원 활동

진보당은 민주노동당 시절부터 소상공인들과의 활동에 가장 진심이다. 민주노동당 시절 카드수수료 인하를 위한 운동을 통해 대형마트 골프장, 병원 등과는 다르게 3%가 넘는 높은 수수료를 부담하던 소상공인의 수수료 부담을 대폭 낮췄다.

또한 소상공인의 가장 큰 부담 중의 하나가 높은 임대료이고, 건물주로부터 재계약이 안 되어 투자한 돈을 제대로 건지지도 못하고 쫓겨나는 것이다.

이에 민주노동당에서는 상가 임대차 보호법 제정 활동을 통해 높은 임대료 인상이 이루어지지 못하도록 상한선을 정하고, 일정 기간 임대를 의무적으로 유지할 수 있도록 만들었다.

2007년 민주노동당의 상가임대차보호법 제정운동, 야음시장상인과 인하 운동을 위해
신정시장을 방문.

진보당은 최근에도 소상공인의 고용보험이 제대로 시행이 안 되는
이유가 홍보와 비용부담이라고 판단하고 울산 고용보험 지원조례를
추진하여 우여곡절 끝에 통과시켰다. 지금은 골목형 상점가를 울산
전역에서 만들어질 수 있도록 추진하고 있으며, 공공 배달 강화를 요
구하는 활동도 전개 중에 있다.

사실 자영업자 상당수는 자기 노동에 대한 대가는커녕 문만 열어두
었지 사실상 개점 휴업상태와 다를 바 없는 가게들이 많다. 사실은 이
분들은 실업의 범주로 봐야 하지만 어쨌든 장사를 하고 있다는 이유로

빠져있는 셈이다. 그런 점에서 제대로 된 실업률은 이분들까지 포함하는 것이 실제로는 맞는 것이다. 또 그런 만큼 이분들에게는 실업을 극복할 수 있는 지원 프로그램이 필요하다.

그리고 4대 보험의 경우 소외된 자영업자가 많은데, 제도만 열어두었다고 해서 되지 않고 특히 국민연금부터 적극적인 지원 프로그램이 필요하다.

내가 진보당 울산시당의 민생특위 위원장을 맡아 활동하는 이유도 소상공인의 입장에서 공감하는 부분에 기초하고, 또 민주노동당 때부터의 경험들이 도움이 되었다고 생각한다.

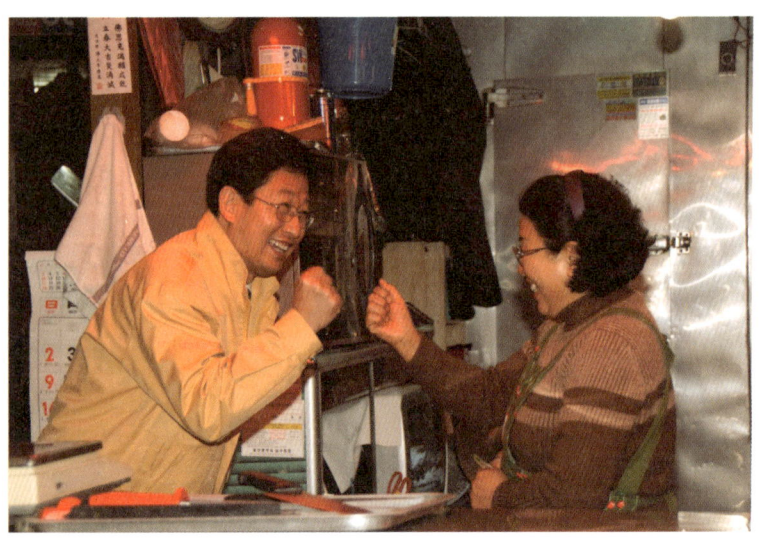

소상공인 카드수수료 인하운동, 시장상인과 만나.

최저임금이 올라야 서민경제가 살아난다

　최근 자영업자들의 상황은 여전히 어렵다. 코로나19를 지나며 조금 숨통이 트이려나 싶었지만, 지속되는 내수 경기 침체와 '12.3 계엄 조치' 이후의 불안한 사회 분위기로 인해 매출이 급격히 감소했고, 지금까지도 회복의 기미가 보이지 않는다. 앞으로 과연 경기가 살아날 수 있을지, 많은 자영업자가 깊은 걱정을 하고 있다.

　나는 여러 소상공인 모임에 참여하고 있는데, 구성원을 보면 그중 절반가량은 1인 또는 가족 단위의 무고용 자영업자, 나머지는 1~2명을 고용한 소규모 사업자가 대부분이다. 나처럼 5인 이상을 고용한 경우는 드물다.

　최근 모임에서 최저임금 인상에 대한 의견을 나누는 자리가 있었다. 흥미로웠던 점은, 고용이 없는 자영업자 중 일부는 "본인에게 직접적인 타격은 없지만 다른 자영업자들이 어려워질까 걱정된다"라는 이유로 인상에 부정적인 입장을 보였다는 것이다. 반면 "최저임금이 오르면 결국 소비 여력이 커져 매출에도 도움이 되지 않겠느냐"라는 의견에는 대체로 공감했다.

　1~2명을 고용하고 있는 자영업자의 반응은 조금 달랐다. 일부는 정부의 인건비 지원을 받고 있었지만, 그렇지 못한 경우에는 최저임금

인상보다 "장사가 너무 안된다"라는 현실적인 어려움을 더 크게 호소했다. 즉, 임금 수준 자체보다 매출 부진으로 인한 인건비 부담이 근본적인 문제라는 것이다.

다만, 자영업자 대부분은 "고용을 줄이면 부담은 덜 수 있지만, 현실적으로 혼자 일하기 어려운 구조라면 정부가 적극적으로 지원해주는 것이 필요하다"라며, 정부 보조가 병행된다면 최저임금 인상은 오히려 경기 활성화에 도움이 될 수 있다는 점에 공감하는 모습을 보였다.

이러한 논의를 계기로 나는 자영업의 현황과 과제를 보다 구체적으로 살펴보고자 했다. 그래서 관련 통계와 자료, 그리고 최근의 뉴스 기사들을 참고하여 현재 상황을 다시 한번 점검하고 나름의 생각을 정리해보았다.

◉ 최근 자영업자들이 처한 현실을 세 분류로 나누어 살펴보았다

첫째는 고용이 없는 자영업자들이다.

통계청 자료에 따르면, '12.3 불법 계엄' 이전 570만 명대였던 자영업자 수가 계엄 이후 약 550만 명대로 급감했다. 이 중 고용이 없는 자영업자는 전체의 75%를 넘는 약 410만 명으로, 절대다수를 차지한다. 반면 고용이 있는 자영업자는 25%, 약 140만 명 수준이며, 이들 중 대부분이 5인 미만의 소규모 사업장이다.

자영업자들의 매출은 전반적으로 감소세를 보이고 있으나, 특히 고용이 없는 자영업자들의 하락 폭이 훨씬 크다. 약간 오래된 통계이긴 하지만, 2017년 대비 2021년 매출 변화를 보면 상위 20%는 5.6% 감소에 그쳤지만, 하위 20%는 무려 50% 이상 감소했다. 이처럼 자영업자의 어려움은 전반적이지만, 고용이 없는 자영업자의 위기는 훨씬 심각한 수준이다.

이들에게는 최저임금의 유의미한 상승이 단순한 일시적 지원금보다 더 지속적인 내수 확대 효과를 가져올 수 있다. 즉, 국민 전체의 소득이 오르면 소비 여력이 커지고, 매출 증대로 이어질 가능성이 크다.

둘째는 5인 미만의 고용을 유지하고 있는 자영업자들이다.

이들은 고용이 있는 자영업자 140만 명 중 절대 다수를 차지한다. 현재 정부가 최저임금 인상분을 일정 부분 지원하는 프로그램을 운영 중이지만, 보다 적극적이고 실질적인 지원이 필요하다.

이 구간의 자영업자는 고용하고 있는 취약노동자와 함께 서민경제의 기반을 이루고 있다. 따라서 정부의 집중적 재정 지원은 단순히 고용유지를 돕는 차원을 넘어, 향후 근로기준법의 5인 미만 사업장 확대를 대비하는 기초체력 강화로 이어질 수 있다.

결국 이 영역은 영세자영업자의 핵심 구간으로, 최저임금 인상과 정부의 지원정책이 결합할 때 내수경제의 하단부를 지탱하는 800만 명 이상 서민경제의 기초체력을 강화하는 결과를 가져올 것이다. 이는 국가 경쟁력의 토대가 된다.

셋째는 5명 이상의 고용을 유지하고 있는 자영업자 그룹이다.

이들은 전체 사업장 수로 보면 10%가 채 되지 않지만, 고용 규모에서는 상당한 비중을 차지하고 있다. 이들에게는 최저임금 인상으로 인한 비용 상승 부담이 크지만, 동시에 내수 진작을 통한 경기 활성화 효과도 그만큼 크게 돌아온다.

따라서 정부는 이 구간을 대상으로 내실 있는 지원책을 마련해야 한다. 예를 들어, 세금 부담 완화를 위해 공제 적용 범위를 확대하는 세제 혜택, 공공 배달앱 운영 지원, 경영 및 행정지원 프로그램 강화 등의 대안을 검토할 필요가 있다.

특히 최저임금 결정 이후, 정부가 구체적인 지원 계획을 촘촘히 마련하는 것이 중요하다.

이상의 세 부류를 종합해보면, 자영업자의 근본적인 어려움은 내수 경기 위축에 있다. 소비 심리 위축, 글로벌 불안정성, 트럼프 행정부의 압박 경제 외교 정책 여파 등 외부 변수들이 겹치며 매출이 급감한 것이 핵심적 원인이다. 이 문제는 정부의 재정정책과 경기부양 노력을 통해 해결해야 할 사안이지, 최저임금을 억제하는 방식으로는 결코 실질적 도움이 될 수 없다.

자영업자와 그들에게 고용된 노동자들, 그리고 각계의 최저임금 노동자들은 서민경제의 뼈대이자 내수의 중심축이다. 최저임금 인상은 이들의 소비를 촉진해 내수 경기를 진작시키는 확실한 효과를 가져온다.

다만, 이를 뒷받침할 정부의 의지와 지원정책의 실효성이 인상 폭과 파급력을 좌우할 것이다. 반대로, 적극적인 인상 결정 자체가 정부의 의지를 강화하는 계기가 될 수도 있다. 새롭게 출발한 이재명 정부가 이러한 선순환의 흐름을 만들어내길 기대한다.

5 장

같이 걷는 발걸음이 만드는 가치 있는 길

투쟁가방 이야기

나에게는 차에 늘 실려 있는 가방이 하나 있다. 나는 그것을 '투쟁 가방'이라고 부른다. 그 안에는 두꺼운 양말, 장갑, 목도리, 귀마개 같은 방한용품이 가득 들어 있다. 진보 정치활동을 하다 보면 차가운 바람을 맞으며 길 위에서 투쟁하는 노동자들, 철탑 위에서 농성하는 노동자들, 탈핵과 환경문제로 몸을 내던지는 시민들을 마주할 때가 많다. 그런 현장에 함께하기 위해서는 언제든 뛰어나갈 준비가 되어 있어야 했다. 그래서 나는 늘 그 가방을 차에 실어두었다.

하지만 사실을 고백하자면, 그 가방은 단지 '투쟁을 위한 준비물'이기도 하지만, 추위를 많이 타는 나 자신을 위한 생활의 지혜이기도 하다. 언제 어디서든 걱정 없이 현장으로 달려갈 수 있도록, 나를 든든하게 만들어주는 일종의 마음의 방패였다.

"민주노동당은 데모만 하나?"

민주노동당 시절, 사람들은 종종 이렇게 물었다.

"그 당은 맨날 데모만 하지 않나?",

"경제 정책은 있긴 한 거냐?"

그러나 그 말은 진보 정치를 제대로 들여다보지 못한 오해였다. 민주노동당에는 체계적인 교육원이 있었고, 그 안에서 다양한 간부 정책 아카데미가 운영되었다. 어느 해엔가 서울에서 경제정책 아카데미가 열렸는데, 그때 나와 노옥희 선생님이 함께 참여했다. 2박 3일이었던가, 아니면 3박 4일이었던가. 하루 종일 이어지는 강의와 토론은 정말 숨 쉴 틈이 없었다. 한 강좌가 세 시간씩 이어졌고, 하루에도 여러 개의 주제가 다뤄졌다. 밤이 깊어도 복도 불빛 아래에서 토론이 이어졌고, 잠깐 눈을 붙이는 게 고작이었다.

그 시간은 그야말로 정책의 현장이었다. 대학의 경제학 교수들이 각자의 관점에서 진보적 경제정책의 방향을 제시했고, 한겨레신문의 경제 기자들이 기사 속에 숨은 경제 논리와 용어의 맥락을 풀어주었다. 중소기업 정책, 노동시장 구조, 재분배와 복지경제에 대한 논의까지, 어느 하나도 놓치기 싫을 만큼 귀중한 내용이었다.

그런 교육을 통해 우리는 "진보정당의 경제는 없다"라는 세간의 편견이 얼마나 허술한 것인지를 절감했다. 민주노동당의 정책은 단순한 구호가 아니라, 현장의 경험과 진보 경제학자들의 통찰이 결합한, 실질적이고 탄탄한 대안이었다. 다만 문제는 그 훌륭한 정책을 세상에 펼칠 시간과 여유가 없었다는 점이었다.

세상 곳곳에서 들려오는 노동자들의 절규, 공장의 크레인 위에서, 도심의 찬 바람 속에서, 환경이 파괴되는 그 자리마다 먼저 달려가야 했다. 사람들의 생명과 생존이 위태로운 현장에서, 우리는 '논리'보다 '연대'를 택할 수밖에 없었다.

하지만 나는 여전히 믿는다. 나의 가방 안에 담긴 장갑과 목도리처럼, 진보 정치는 사람의 온기를 지키는 일이며, 그 따뜻함이야말로 세상을 움직이는 가장 강한 힘이라고.

울산 공공병원 건립과 울산건강연대

나는 보건의료 전문가가 아니지만, 과거 민주노동당이 '무상의료'를 핵심 정책으로 추진하던 시절 울산시당 무상의료 특별위원장을 맡으며 이 길에 발을 들였다. 당시 울산에서는 공공의료 확충을 위해 각개전투하던 의사, 치과의사, 약사, 간호사, 시민단체, 병원 노동조합 등과 함께 뜻을 모아 '울산건강연대'를 발족했다.

그때부터 지금까지 20년이 넘는 세월 동안, 우리는 울산 공공병원 건립을 최우선 과제로 삼고 보건소 기능 강화, 도시형 보건지소 확충, 울산 보건의료 정책에 대한 비판과 대안 제시 등 단 한 순간도 멈추지 않고 달려왔다. 특히 박영규, 김현주 선생님 등 오로지 '건강한 울산'을 위해 헌신해온 건강사회를 위한 치과의사회(건치), 건강사회를 위한 약사회(건약)의 훌륭한 의료인들이 든든한 중심을 잡아주고 있다.

민주노동당은 무상의료를 정책으로 제안하며 파격적인 진보정치의 길을 열어갔고 나는 울산 무상의료특별위원장을 맡았다.

여기에 울산대 의대 양동석 교수님을 비롯한 학계 인사들, 평화와 건강을위한의사모임(평건사) 성창기 선생님, 늘 실무를 뒷받침하는 건약의 황재영·임영상 선생님, 그리고 민주노총 울산본부와 이미자 위원장님 등 병원 노동조합들, 이장우 노동당 위원장과 나를 포함한 진보정당 관계자들이 치열하게 머리를 맞대고 있다.

우리가 이렇게까지 절박하게 움직이는 이유는 울산의 의료 현실이 참담하기 때문이다. 한국보건산업진흥원 자료에 따르면, 2016년 기준 상급 종합병원 및 300병상 이상 종합병원 병상 수가 전국 꼴찌였다. 2018년 기준으로도 공공병원 비율은 특·광역시 중 압도적 최하위이며, 인구 10만 명당 의사 및 간호사 수 역시 꼴찌를 기록할 만큼 의료 인프라 부족이 심각한 수준이다.

이런 척박한 의료 환경을 개선하기 위해 현재 우리가 가장 집중하고 있는 과제 중 하나가 바로 '울산대 의대의 울산 환원' 문제다. 울산의 의사 수급 문제를 해결하기 위해 설립된 대학이 정작 수업은 서울아산병원에서 편법으로 진행하고 있는 현실을 바로잡으려는 것이다. 우리는 울산대 의대가 명실상부한 울산의 의과대학으로 돌아와 지역 의료의 중추 역할을 할 수 있도록 모든 법적·정치적 노력을 다하고 있다.

울산대 의대는 1988년, 열악한 지역 의료 환경을 개선하고 균형 발전을 도모한다는 명분 아래 울산을 인가지로 하여 설립되었다. 그러나 바로 이듬해 현대그룹이 서울에 중앙병원(현 서울아산병원)을 세우면서 상황은 기이하게 흘러갔다. 울산대 의대는 마치 사전에 각본이라도 짠 듯, 예과 과정 일부만 울산에서 진행하고 핵심인 본과 수업은 모두 서울 아산병원에서 실시하기 시작했다. 사실상 서울 아산병원이 울산대 의대의 실제 대학병원처럼 운영되어 온 것이다.

당시 서울지역에서는 의과대학 신설 허가를 추가로 받을 수 없었던 상황임을 고려할 때, 이는 현대재단이 울산대 명의로 의대 인가를 받은 뒤 실제로는 서울 중앙병원의 인력 수급과 운영에 활용하려 했던 것 아니냐는 합리적 의심을 지울 수 없다. 이러한 편법 운영의 결과는 수치로 극명히 나타난다. 영남권의 타 의과대학 졸업생들은 50~80%가 해당 지역이나 인근에 정착해 근무하는 반면, 울산대 의대 졸업생 중 울산에 남는 비율은 고작 7%에 불과하다는 통계가 이를 증명한다.

이러한 구조적 문제로 인해 향후 울산에 산재 전문 공공병원이나 울산의료원이 건립된다고 하더라도, 정작 그곳에서 일할 의사를 어떻게 수급할 수 있을지 한숨이 나오는 실정이다. 결국 울산의 극심한 의료 격차를 해소하고 안정적인 지역 의료 시스템을 유지하기 위해서는, 이름만 울산대인 의대를 명실상부하게 울산으로 환원하는 일이 가장 시급하고 본질적인 과제이다.

현재는 교착 국면에 빠진 울산의료원 설립을 위해 강도 높은 압박 활동을 전개하고 있다. 그동안 울산건강연대를 중심으로 오랜 시간 공을 들여 추진해 왔고, 새 정부 출범과 함께 설립 가능성이 어느 때보다 커진 것도 사실이다. 그러나 울산시와의 정책적 엇박자로 인해 현재는 사업 성사 여부가 매우 불투명해진 상황이다. 이에 우리 연대는 행정 당국의 소극적인 태도를 비판하는 한편, 차기 지방선거 후보자들의 정책적 이해를 높이고 적극적인 추진력을 이끌어내기 위해 대대적인 토론회를 개최하기도 했다.

특히 지금 국회에서 심의 중인 '지역필수의료특별법'과 이미 통과된 '지역의사제' 등이 시행될 2027~28년경이 되면 지역 내 책임의료기관의 역할이 더욱 중요해진다. 하지만 공공병원조차 없는 울산은 법 시행에 따른 혜택에서 소외되거나 심각한 의료 공백 사태를 맞이할 가능성이 크다. 따라서 하루속히 울산의료원을 설립하여 공공의료 체계의 기틀을 마련하는 일에 지역 사회 모두가 힘을 모아야 한다.

이렇듯 척박한 울산의 의료 환경을 바꾸기 위해 자신의 삶을 바쳐 오랜 시간 변함없이 헌신하고 계신 울산건강연대 모든 분께 진심 어린 존경의 박수를 보낸다.

탈핵울산시민공동행동

1980년대 후반, 대학 시절부터 이미 환경문제에 깊은 관심을 가지고 있었다. 당시 울산은 산업단지 확장으로 대기오염과 수질오염이 심각했는데, 나는 학생회 차원에서 공해추방운동에 참여하며 나름의 역할을 해왔다.

이후 사회에 나와서도 환경에 대한 관심은 계속되었다. 환경운동연합의 이사와 감사로 활동하며 여러 캠페인과 정책 제안에 참여했고, 모범회원상을 받는 영광도 있었다. 그러나 본격적으로 진보 정치운동을 시작하면서부터는 자연스럽게 환경운동 현장에 나설 기회가 줄어들었다. 그 점이 늘 마음 한켠에 아쉬움으로 남아 있었다.

그런 가운데 '탈핵울산시민공동행동'에 참여하게 되었고, 뜻깊게도 공동집행위원장을 맡게 되었다. 그 시절 가장 열심히 했던 일은 다름 아닌 '탈핵우산 판매'였다. 시민들에게 탈핵의 의미를 알리고, 동시에 모금 활동을 병행하기 위한 캠페인이었다. 수많은 노동조합, 시민단체, 그리고 개인들이 자발적으로 참여해주었고, 덕분에 무사히 마무리할 수 있었다.

그 과정을 통해 나는 다시금 '연대'의 힘을 체감했고, 집행위원장으로서의 소임 수행에 대한 약간의 안도감도 느꼈다.

하지만 다시 선거 출마가 확정되면서, 탈핵운동의 전면적인 역할은 내려놓을 수밖에 없었다. 이후에도 몇 차례 기자회견이나 토론회에 참석하긴 했지만, 그것은 '가물에 콩 나듯'한 수준이었다.

그럴 때마다 미안함과 부끄러움이 뒤섞인 마음이 들었다. 현장에서 땀 흘리는 동지들 앞에, 늘 '더 하지 못했다'라는 아쉬움이 남았다.

그러나 정치의 자리에서도 환경문제는 결코 외면할 수 없는 과제라고 생각한다. 앞으로는 선거와 당 차원에서 기후 위기 대응과 탈핵 운동, 그리고 에너지 전환 정책에 더 깊이 힘을 쏟아보고자 한다. 특히 AI를 중심으로 한 4차 산업혁명 시대에는 에너지 수요가 늘어날 수밖에 없다. 이 거대한 흐름을 되돌릴 수는 없겠지만, 친환경 재생에너지의 확대와 효율적 에너지 전환 정책을 통해 지구의 기후 위기에 대응하고, 다음 세대에게 지속 가능한 미래를 물려주는 일. 그것이 지금 내가 해야 할 일이라고 믿는다.

국제연대, 일본 초청 나가노 전 일본철도

의원 활동을 하고 있던 와중에 일본에서 한일 진보연대체의 교류를 위한 초청이 와서 울산에서는 내가 일본을 방문했다. 본 행사 시작이 도쿄에서 진행되어서 하루 먼저 도쿄에 도착했다. 사실 일본에 처음 간 것이다.

처음 인상은 식당에 갔는데 너무 친절하다는 것이다. 두 번째는 숙소가 너무 비싼 것과 한국 사람이라고 하니 눈살을 찌푸리는 듯 미묘한 불친절이 느껴졌다.

그리고 시내에서는 선거운동이 진행 중이었는데 아무도 관심이 없고, 유세하는 후보도 별로 신경을 쓰지 않는 듯했다. 나중에 들었는데 일본의 선거 분위기가 그렇다고 했다.

다음날 행사를 진행하고 나를 포함한 한 팀은 고속열차를 타고 나가 노로 향했다. 나가노는 동계올림픽이 열린 곳이고, 전 일본철도의 본부가 있는 곳으로서 노동조합의 초청을 받아 강연하기로 되어 있었다. 나가노 도착해서 조합 간부들이 있는 강당으로 향했는데 깜짝 놀랐다. 나는 울산만 생각하고 당연히 노동조합 간부는 젊은 노동자들일 거로 생각했는데 모두 나이가 거의 정년을 앞둔 분들 같은 느낌이었다.

일본철도가 상당 부분 민영화되면서 젊은 노동자들이 줄어들고, 노동조합에 대한 관심조차 희미해졌다는 이야기를 들었을 때 우리의 미래를 보는 것 같아 마음이 무거웠던 기억이 난다. 나는 그들에게 울산의 노동운동과 진보 정치의 역동성을 설명하며, 국경을 넘은 한일 노동자 연대의 필요성을 역설했다. 울산의 치열한 투쟁사를 들은 참석자 사이에서는 연신 감탄사가 터져 나왔고, 뜨거운 박수 속에 공식 일정을 마무리했다. 이후 인근 료칸으로 이동해 노상 온천을 즐기며 일본 특유의 정취를 만끽하고 도쿄로 돌아왔다.

도쿄에서 우리의 구청과 구의회에 해당하는 자치구 의회를 방문했다. 본회의장에는 40명 남짓한 의원이 있었는데 대부분 나이 지긋한

남성 의원이었다. 그중 두 명 남짓한 일본 공산당 소속 의원이 있었는데, 한 여성 의원이 투표를 위해 단상으로 나가자 의석 곳곳에서 야유가 쏟아졌다. 이유는 황당하게도 의원 배지를 착용하지 않았다는 것이었다. 권위주의의 상징인 배지를 달지 않겠다는 그 의원의 당당한 소신에 야유를 보내는 일본 의회의 경직된 모습은 참으로 어처구니가 없었다.

도심 길거리에서 목격한 검은 승합차도 잊히지 않는다. 극우적 선동 방송을 내뿜으며 질주하는 그 차를 보며 일본 사회의 우경화에 대한 심각성을 느꼈다. 당시 일본은 미·일 가이드라인을 개정해 군대를 보유하고 전쟁할 수 있는 나라로 나아가려 하고 있었다. 이에 맞서 우리를 초청한 연대 조직을 포함한 수만 명의 시민이 거리로 쏟아져 나와 투쟁을 전개하고 있었다. 그런 광경은 흔치 않은 것이며, 일본 내부가 그 어느 때보다 뜨겁게 들끓고 있던 시기였다.

그날 저녁, 재일교포 단체가 주최한 만찬에 초대받아 갔다. 당시 일본 내 교포 사회는 남북의 경계를 넘어 공동의 행사를 준비하며 협력의 기운을 높여가고 있었다. 연회의 분위기가 무르익자 국적과 이념을 떠나 모두가 한데 어우러져 손을 맞잡고 노래하며 춤을 추었다. 타국 땅에서 동포들이 하나 되는 그 광경을 지켜보며 가슴 벅찬 감동과 뜨거운

동포애를 느꼈다.

일본 방문 중 인상적이었던 것 중 하나는 그들의 철저한 더치페이 문화였다. 우리 일행을 앞에 앉혀두고서 자기들끼리 1엔 단위의 잔돈까지 주고받으며 정확히 계산하는 모습은 한국인의 정서로 볼 때 꽤 낯선 풍경이었다. 술을 마실 때도 잔이 조금이라도 비면 바로 다시 채워주는 첨잔 문화가 일상인 모습도 기억에 남는다.

짧은 일정이었지만, 이번 일본 방문은 나에게 무척 큰 의미를 남겼다. 급속도로 진행되는 일본의 우경화 현장을 목격하며 느낀 위기감, 그 속에서도 싹튼 한일 노동·진보 진영 간의 연대 의식, 그리고 가슴 뜨거웠던 재일 교포들과의 교감까지. 이 모든 경험은 나의 정치적 시각을 한층 넓혀주는 소중한 계기가 되었다.

울산 화장장

일본을 두 번째로 방문하게 된 것은 울산시의 숙원 사업이었던 공설 화장장 건립을 위한 심의기구가 구성되면서였다. 당시 나는 구의원 의정 활동을 마치고 울산 YMCA 시민 사업위원장을 맡고 있었기에, 시민사회를 대표하는 위원으로 위촉되어 일본의 선진 화장 문화를 견학하기 위해 길을 떠났다.

울산의 새로운 화장장 건립을 위해 일본 시찰 중 유일한 번외행사였던 마지막 날
지옥온천 관광에 나선 시민회 간부님과 함께

방문 기간 내내 도쿄 인근에 있는 화장장이란 화장장은 모조리 찾아
다닌 듯하다. 그중에서도 특히 한 화장장에 걸려 있던 문구가 지금도
뇌리에 깊이 박혀 있다. "고인의 가시는 길을 격조 있게"라는 의미의
문구였는데, 그 말 그대로 화장장 전체의 분위기가 단순히 슬픔에 잠긴
공간을 넘어 고인에 대한 깊은 예우와 품격이 느껴지는 정갈한 모습이
었다. 빡빡한 견학 일정 끝에 마지막 하루를 남겨두고서야 겨우 지옥
온천을 둘러보며 숨을 돌린 뒤 울산으로 돌아올 수 있었다.

당시 동구에 있던 기존 화장장은 시설이 너무나 열악해 이전이 시급
한 상황이었지만, 어느 지역도 선뜻 나서지 않아 부지 선정에 난항을

겪고 있었다. 이에 심의기구는 각 후보지를 직접 방문해 객관적인 점수를 매기고, 대상지가 좁혀지면 울산시와 각 구·군 단체장들이 합의해 해당 자치단체에 파격적인 예산 인센티브를 몰아주는 방식으로 추진 중이었다.

갈등이 첨예할 수밖에 없는 사안이라 무거운 긴장감을 안고 몇 군데 후보지를 현장 점검하기도 했다. 그런데 의외로 상황은 싱겁게 마무리되었다. 현재의 '하늘공원' 부지 인근 주민들과 극적인 합의가 이루어졌기 때문이다. 주민들의 대승적 결단으로 부지 선정이 확정되면서 더 이상의 심의가 의미 없게 되어 위원회는 자연스럽게 해산하였다. 비록 위원회 활동은 짧게 끝났지만, 주민 합의를 통해 공공시설을 건립한 것이 매우 의미 있는 기억으로 남아 있다.

남북 공동행사로 평양에 가다

일본 화장장을 다녀온 그해 가을, 개천절을 맞아 평양에서 개최된 남북 공동행사에 남측 대표로 초청받아 생애 첫 북한 땅을 밟게 되었다. 과거 남북 노동자 통일 축구대회에서 울산팀을 우승으로 이끈 준비 위원장이었음에도 정작 평양에는 가보지 못해 늘 아쉬움이 컸는데, 당시 길이 열려있었으나 금강산조차 가본 적 없던 나에게 드디어 기회가 찾아온 것이다.

인천공항 대기실에 앉아 있는데 전광판의 글자가 차르륵 바뀌며 '평양' 행 '조선민항'이라는 문구가 떴다. 평양 직항편이 극히 드물던 시절이었기에 그 장면 자체가 경이로운 감동으로 다가왔다. 게이트를 통과하자 우리를 태우고 갈 북측 항공기가 위용을 드러냈다. 기내 모습을 사진으로 남기고 싶었지만, 보안상 제약이 있어 승무원의 눈을 피해 겨우 한 컷을 담을 수 있었다. 내부는 평범했으나 내 눈에 비친 모든 풍경은 낯설고도 신기했다.

평양에 도착해 양각도 호텔에 짐을 풀고 본격적인 일정을 시작했다. 개별 행동은 제한되어 안내원의 인솔하에 단체 관광을 진행했다. 특히 인상적이었던 것은 평양의 지하철이었다. 에스컬레이터가 끝이 보이지 않을 정도로 깊은 지하까지 이어졌는데, 그곳에서 마주친 시민들은 우리가 남측에서 왔다는 말에 환하게 웃으며 손을 흔들어주었다. 거리에서 만난 시민들의 표정도 생각보다 밝았고, 잠시 틈을 내어 들여다본 골목 안 풍경 역시 사람 사는 냄새가 물씬 풍겼다.

평양냉면을 맛보기 위해 들른 식당(옥류관 옆 건물로 기억한다)은 규모가 상당했고 손님들로 북적였다. 그곳에서 먹은 냉면 맛은 일품이었다. 저녁 무렵 호텔에서 열린 남북 교류 만찬은 뜨거운 감동의 연속이었다. 공식 행사가 끝나고 일행 몇몇과 라운지에서 술잔을 기울인 뒤 숙소로 돌아오는 길, 층 입구를 지키던 안내원 동무들과 마주쳤다. 우리는 자연스럽게 차를 나누며 깊은 대화를 시작했다. 처음에는 무례한 언행을 일삼던 한 분 때문에 분위기가 경직되기도 했지만, 그가 자리를 뜨자 곧 화기애애한 시간으로 변했다.

2002년 10월 개천절 남북공동행사 남측대표단으로 평양을 방문했을때 양각도 호텔 만찬 장면

특히 '고난의 행군' 시절, 평범한 가정들이 그 모진 세월을 어떻게 버텨냈는지에 대한 이야기를 들을 때는 서로의 눈시울이 붉어지기도 했다. 우리 역시 남쪽 사람들의 살아가는 이야기를 들려주며 밤이 깊어가는 줄 모르고 마음을 나누었다. 이념의 장벽 아래 가려져 있던 평

범한 이웃들의 진심을 확인한, 참으로 따뜻하고 가슴 벅찬 밤이었다.

평양을 뒤로하고 단군릉과 구월산, 묘향산 등을 차례로 방문했다. 차창 밖으로 흐르는 시골 풍경은 우리네 남쪽의 농촌 모습과 다를 바 없이 평온해 보였다. 그러나 작은 소도시를 지날 때면 에너지 부족의 심각함이 고스란히 전해졌다. 페인트칠조차 제대로 하지 못한 건물들이 많았고, 소규모 건축물들은 한눈에도 부실해 보여 마음이 안타까웠다.

이번 여정의 백미는 북측 삼지연을 통해 백두산에 오른 일이었다. 산 아래서 우러러본 백두산의 웅장함은 감탄이 절로 나올 만큼 압도적이었다. 삼지연 공항에 내려 버스로 이동할 때까지만 해도 날씨가 무척 화창했으나, 궤도 열차를 타고 정상에 도착하는 순간 상황이 급변했다. 거친 눈보라가 사방에서 몰아쳐 천지(天池)가 어디인지 도무지 천지 분간을 할 수 없을 정도였다. 백두산임을 알리는 표석을 발견하고서야 겨우 정상임을 실감할 수 있었다. 아쉬워하는 우리에게 안내원이 다가와 인상 깊은 한마디를 건넸다.

"선생님들은 참 운이 좋으십니다. 과거 항일 투사들이 바로 이런 혹독한 날씨 속에서 일본군과 싸웠습니다. 오늘 여러분은 그 생생한 역사의 현장을 몸소 겪고 계신 겁니다."

농담 반 진담 반의 그 말을 듣고 나니 눈 앞을 가린 눈보라가 단순한 기상 악화가 아닌, 뜨거웠던 항일 투쟁의 숨결처럼 느껴지는 듯도 했다. 평양 일정을 함께한 이영순 전 국회의원, 정용오 현 민족문제연구소 울산 대표 등과 함께 이 모든 의미 깊은 순간들을 가슴에 담고 울산으로 돌아왔다.

행복발전소

남구에서 노동자와 서민의 삶을 돌보고자 여러 차례 선거에 도전했지만, 거듭된 낙선으로 인해 가슴 한구석에는 늘 부채감이 있었다. 주민들에게 약속했던 수많은 다짐을 말로만 끝내고 싶지 않았다. 작더라도 실천을 통해 직접적인 도움을 드릴 방법이 없을까 고민하던 중, 북구에서 어르신 무료급식을 위해 운영 중인 '행복발전소'를 접하게 되었다. 그곳에서 본 자원봉사자들과 어르신들의 밝은 미소는 내게 큰 울림을 주었다.

주변 지인들과 의논을 시작했다. 우려의 목소리도 있었지만, 해보자는 격려에 힘을 얻어 마침내 '행복발전소 남구지부'를 열기로 결심했다. 2011년, 정식으로 공간을 마련하고 운영위원회를 구성했다. 실무를 책임질 소장으로 김언주 사회복지사를 위촉했고, 나는 운영위원장을 맡아 본격적인 활동에 나섰다.

남구행복발전소 김장나누기 활동에 원라이온스클럽에서 200만 원을 기부했다.

출발은 쉽지 않았으나 준비 과정은 놀라울 정도로 활기차게 진행되었다. 특히 김언주 소장의 탁월한 추진력은 큰 힘이 되었다. 지역의 단체와 기업, 노동조합, 개인 후원자들이 십시일반 마음을 보태주었고, 플랜트 노동조합 등의 헌신적인 도움으로 열린 후원 일일주점은 성황리에 마무리되었다.

급식이 시작되자 인근의 많은 어르신이 오셔서 따뜻한 한 끼를 나누셨다. 10년이 넘는 긴 시간 동안 이 소중한 공간을 지탱해 준 분들은 셀 수 없이 많다. 살뜰히 살림을 챙긴 운영위원들, 집밥 같은 정성으로 음식을 만든 강정하 팀장과 김미화, 이귀예, 강영란 등 조리 봉사자들, 늘 서빙을 도맡아준 김종국 원장과 학원 원장님들, 꾸준히 김치를 후원해주신 김철용 사장님과 멀리 부산에서 김을 보내준 친구 박영현, 급식비를 후원해준 울기 라이온스 클럽과 신현종 성형외과 원장님, 박환규 치과 원장님 등 시월회 회원님들 그리고 물심양면으로 힘이 되어 준 화학섬유 연맹, 플랜트 금속, 현대자동차 노동조합들까지 모두가 주인공이었다

남구행복발전소 김장담그기 행사. 이 김장김치를 박스에 담아 동사무소로부터 소개받은 가정으로 출발할때 모처럼의 눈이 내렸었다.

또한, 온갖 궂은 일과 운영과 관리를 도맡아준 최석환 · 최운도 님, 물심양면으로 도와주신 민주노동당 남구의원님들, 김치 나눔에 힘을 보탠 원 라이온스, 울산 울산소상공인포럼 회원들, 집 고치기 봉사에 애써준 디딤돌 박수진 대표와 회원들, 국화원 장례식장 그리고 늘 든든한 후원자가 되어 준 김원주 선생님, 후원금을 기부해 주신 많은 후원자님 등 수많은 분의 온기 덕분에 행복발전소는 굴러갈 수 있었다.

비록 지금은 운영을 마무리했지만, 그 10년의 세월은 내게 큰 축복이었다. 선거를 치르며 지치고 고단했던 마음이 어르신들과의 만남을 통해 정화되었고, 오히려 내가 더 큰 힘을 얻었던 행복한 시간이었다. 지금도 길에서 만나는 어르신들이 그때를 기억하며 반갑게 손을 잡아주실 때면, '참 잘한 일이었구나' 하는 깊은 보람을 느끼곤 한다.

백두산 조기축구회

90년대 초반, '새날여는청년회' 회원들이 주축이 되어 조기축구회를 하나 만들었다. 이름은 기개 있게 '백두산 조기축구회'라 지었다. 처음에 운동보다는 당위성으로 참여했던 이들이 하나둘 떠나가기도 했지만, 그 빈자리를 공차는 게 마냥 좋았던 일반 회원들이 채우면서 모임은 점차 활기를 띠기 시작했다. 시간이 흐를수록 주변의 좋은 사람들을 자석처럼 끌어모으는 마력이 있는 모임으로 변해갔다.

청년회 활동을 통해 다듬어진 민주적인 운영 방식에 축구 마니아들의 뜨거운 열정이 더해지니 금상첨화였다. 우리와 정기적으로 시합을 하며 가까운 벗이 된 여러 조기축구회와 함께 청춘의 뜨거운 날들을 만들어나갔다. 특히 남구 지역 노동자들로 구성된 '어울림'이라는 조기축구회는 참으로 묘한 매력이 있었다. 실력은 우리가 조금 앞서 늘 지면서도, 시합만 끝나면 항상 먹을 것을 챙겨와 나눠 먹자고 권하는 넉넉한 분들이었다. 술 한잔 기울이는 것도 워낙 좋아해 상당 기간을 형님 동생 하며 가깝게들 지냈다.

나의 주 포지션은 수비였다. "수비 하나는 꽤 잘한다"라는 평을 들었는데, 나이가 들어서도 계속 주전으로 기용해 주는 동료들 덕분에 늘 즐겁게 그라운드를 누볐다. 우리 백두산의 간판 공격수 박준언은 대단한 기량을 가진 선수였다. 적정 거리에서 왼발 타이밍만 맞았다 하면 여지없이 골망을 흔들곤 했다. 이렇게 공차는 걸 유난히 좋아했던 또래 친구들이 조기축구회의 든든한 허리 역할을 해주었다.

그 외에도 그라운드를 발발이처럼 쉼 없이 비던 윤상호, 유진근, 시원시원한 돌파를 선보이던 김태형 윙어, 골문을 든든히 지키던 골키퍼 박명흠, 그리고 나와 호흡을 맞춰 수비 라인을 책임졌던 김덕희 등 또래 친구들이 떠오른다. 무엇보다 공차는 실력보다는 응원하는 재미와 시합 후 마시는 막걸리 한잔을 더 중시해 모두의 사랑을 독차지했던 이상관 같은 멤버까지, 한명 한 명이 우리 팀의 보석이었다.

신혼 시절, 아침 일찍 나가 땀 흘리며 공을 차고 돌아와 아내가 집안일을 하며 달그락거리는 소리를 음악 삼아 달콤한 낮잠을 자는 것이 내 삶의 커다란 행복이었다. 우리들의 우정만큼이나 부인들 사이도 각별해 가족 단위의 교류가 잦았는데, 특히 이상관 회원의 가게는 우리 회원들이 제집 드나들듯 들락날락하며 정을 나누던 아지트였다.

세월이 흘러 '백두산 조기축구회'는 자연스럽게 해산되었지만, 이후 '백사모(백두산을 사랑하는 모임)'라는 이름으로 다시 뭉쳐 가끔 운동도 하고 단합대회도 열며 인연의 끈을 이어왔다. 지금은 예전만큼 활발한 활동을 하지는 못하지만, 여전히 서로의 경조사를 챙기고 가끔 모여 옛 추억을 나누곤 한다. 비록 그라운드 위를 누비던 청춘의 기세는 조금 수그러들었을지 몰라도, 함께 땀 흘리며 쌓아온 동료애만큼은 여전히 우리 가슴 속에 소중하게 남아 있다.

내 가슴에 발자국을 남긴 사람들

⊙ 전청대협 이범용

울산의 '새날여는청년회'와 같은 지역 청년단체들이 전국 곳곳에서 자생적으로 싹트고 있었다. 우리는 이 힘을 하나로 모으기 위해 '전국청년단체대표자협의회(전청대협)'를 결성했고, 민주주의계승국민연합(민청련)의 이범영 회장이 초대 의장을 맡았다. 이전부터 청년 운동의 맥을 이어온 민청련이 중심을 잡고, '나라사랑청년회'처럼 대중적인 청년 운동을 새롭게 개척하던 단체들이 대거 참여하며 조직은 활기를 띠었다. 서울에서도 모였지만, 주로 대전의 대학가나 시민단체 사무실에서 회의를 진행하곤 했다. 회의가 끝나면 대전역 앞 시장통 순댓집에 모여 술잔을 기울이던 뒤풀이 시간은 우리들의 가장 뜨거운 교감의 장이었다.

이범영 의장에 대한 전국 동지들의 신뢰는 절대적이었다. 그는 강연을 위해 울산에 내려올 때면, 권위를 내려놓고 '포장마차'라는 노래를 목청껏 불러 울산 청년회 회원과의 거리감을 단숨에 허물던 소탈한 지도자였다. 그의 리더십 아래 전청대협은 민주화와 통일을 향한 활동을 거침없이 전개해 나갔다.

그러던 어느 날, 의장님이 투병 중이라는 비보를 접했다. 급히 서울로 병문안을 갔으나 이미 병색이 완연한 그의 모습을 마주한 우리는 밀려오는 슬픔에 눈물을 감출 수 없었다. 늘 든든한 큰형님 같았던 의장님은 얼마 지나지 않아 결국 세상을 떠나고 말았다. 하지만 내 가슴

속에는 여전히 그가 불러주던 노래 가사처럼, 현장을 누비던 그의 힘차고 당당한 모습이 살아 숨 쉬고 있다.

◉ 이수동 교수

재작년쯤이었을 것이다. 한 신문사 편집장에게서 전화가 왔다. 신문을 살피던 중 이수동 교수님의 부고 기사를 보았다며 혹시 알고 있느냐는 물음이었다. 전혀 예상치 못한 소식에 머릿속이 하얘졌고, 당황스러운 마음을 추스를 새도 없이 기사를 확인한 뒤 곧장 빈소가 마련된 부산으로 향했다.

부산으로 가는 길 내내 걷잡을 수 없이 눈물이 쏟아져 운전하기가 힘들 정도였다. 평소 문득문득 교수님을 떠올리긴 했으나, 바쁘다는 핑계로 찾아뵙지도 못한 채 잊고 지냈던 세월이 미안해 가슴이 메어왔다.

빈소에 도착하니 교수님의 따님이 나를 맞이했다. 혼자 찾아와 눈물 자국이 가시지 않은 내 모습이 무척이나 애틋해 보였던 모양인지, 조문을 마치고 앉은 나에게 조심스레 누구신지 물었다. 대학 제자라며 이름을 밝히자 따님은 "아버지께 성함을 많이 들었다"라며 반가워했다. 갑작스러운 병마와 싸우기 위해 운동도 하며 무던히 애를 쓰셨지만, 결국 허망하게 눈을 감으셨다는 이야기를 전해 들었다. 조의를 표하고 울산으로 돌아오는 길, 교수님과 나누었던 오랜 추억들이 주마등 처럼 스쳐 지나갔다.

82학번으로 전기 및 전자공학과에 입학한 나는 83년에 짧은 군 생활을 마치고, 84년 학과 명칭이 변경된 전자 및 전자계산기공학과로 복학했다. 그때 영국에서 인공지능을 전공하고 부임해 계신 교수님을 처음 뵈었다. 이후 내가 본격적으로 학생 운동에 뛰어들면서 교수님과 마주하는 시간은 점점 늘어났다.

교수님은 나에게 학생 운동의 배경이나 사회 현실에 대해 궁금한 점을 묻기도 하시고, 당신이 생각하는 더 긍정적인 방향에 대해 조언을 건네기도 하셨다. 하지만 무엇보다 교수님이 가장 신경 쓰셨던 것은 나의 '학업 유지'였다. 제자가 신념을 지키면서도 배움의 끈을 놓지 않기를 바라는 스승으로서의 애정과 책임감이 늘 느껴졌다.

교수님은 언제나 소박한 삶을 사셨다. 나를 비롯한 제자들과 술자리를 하실 때면 아쉬운 마음에 학교 내 사택으로 우리를 데려가 술잔을 더 기울이곤 하셨다. 단둘이 마주 앉아 밤늦도록 속 깊은 이야기를 나누던 날도 많았다. 그러다 어느 한쪽이 술을 이기지 못해 토하기라도 하면, 스승과 제자 사이를 넘어 인자한 형님처럼, 아버지처럼 서로의 등을 토닥여주던 그 따스한 손길이 지금도 생생하다.

학기 말이 다가오면 교수님은 성적 때문에 문제가 생기지 않도록 내가 챙겨야 할 실제적인 일들을 세심하게 일러주셨다. 늘 학생 운동으로 바쁜 제자가 혹여 학점 미달로 어려움을 겪지는 않을까 걱정하며, 새 학기 수강 신청 때마다 전략적인 조언을 아끼지 않으셨다. 교수님께 나는 단순히 지도해야 할 학생을 넘어, 당신이 끝까지 책임지고 지켜내고 싶은 제자였던 셈이다.

교수님과의 기억 중 가장 잊히지 않는 순간은 학과 후배의 징계 문제를 두고 내가 교수진과 크게 대립했을 때였다. 후배의 억울한 처지에 분노가 치밀어 올라 울던 나를 보며, 교수님은 말없이 나를 밖으로 데리고 나가셨다. 그리고 그 누구보다 진심 어린 눈빛으로 나의 울분에 공감해주셨다. 그 따뜻한 침묵은 열 마디 말보다 더 큰 위로가 되었다

대학 시절이 끝난 후에도 우리의 인연은 계속되었다. 공대 학장을 맡고 계실 무렵, 스승의 날이면 어김없이 찾아오는 제자 김진석은 교수들 사이에서 꽤 화제가 되었던 모양이다. 요즘 같은 세상에 잘 찾아오는 제자도 드문데, 한때 학생 운동을 주도하며 속을 썩였을 법한 제자가 매년 인사를 오니 동료 교수님들 눈에는 퍽 신기하게 보였던 것 같다.

그 후 내가 선거에 출마할 때마다 교수님은 바쁜 일정을 쪼개어 달려와 주셨다. 당신만의 방식으로 조언을 건네고 묵묵히 힘을 보태주셨

던 그 든든한 모습이 아직도 눈에 선하다. 교수님이 울산과학대 학장으로 자리를 옮기신 후로는 예전만큼 자주 뵙지 못했고, 퇴임하셨다는 소식만 전해 들은 채 끝내 찾아뵙지 못한 것이 가슴 깊은 회한으로 남는다.

언제나 제자의 앞길을 걱정하고, 제자의 가시 돋친 분노마저 따뜻하게 품어주셨던 나의 영원한 스승님. 이제는 부디 그곳에서 평안하시길 빌며, 다시 한번 이수동 교수님의 명복을 빕니다.

AI에 대한 생각

ChatGPT가 처음 공개되던 날, 나는 새로운 시대가 열리는 듯한 거대한 충격을 받았다. 4년 차에 접어든 지금, 인공지능(AI)은 이미 거스를 수 없는 대세가 되었고, 이제 인간 수준의 지능을 갖춘 범용 인공지능(AGI)으로의 진화는 시간문제로 보인다. 글로벌 빅테크 기업들이 유례없는 속도로 업그레이드 버전을 쏟아내는 상황을 보며, 앞으로의 3년 혹은 5년은 우리가 상상하는 것 이상의 엄청난 변화를 가져올 것이라는 확신이 든다.

불과 몇 년 전까지만 해도 자율주행 레벨 4단계는 실현되기 어려울 것이라는 비관적인 전망이 우세했다. 하지만 AI는 이미 이 분야에서 혁신적인 성과를 거두고 있다. 특히 인공지능이 로봇과 결합해 물리적 실체를 갖는 '피지컬 AI' 영역으로의 확장이 본격화되고 있는데, 많은 전문가는 2026년이 이 분야에서 의미 있는 진전을 이루는 원년이 될 것으로 예측하고 있다.

피지컬 AI를 포함한 인공지능 기술은 모든 산업 분야와 우리네 일상에 결합하여 전례 없는 새로운 성장을 이끌 것이다. 다행히 우리나라는 제조업부터 서비스업까지 다양한 산업 콘텐츠를 보유하고 있어, 이를 AI와 잘 접목한다면 상대적으로 유리한 고지를 점할 수 있을 것이다.

하지만 윤석열 정부 3년 동안 국가적 차원의 대비가 지체된 점은 뼈아픈 실책이다. 이제라도 국가 차원의 전폭적인 지원은 물론, 미래 세대들이 급변하는 시대를 선도할 수 있도록 교육과 산업을 아우르는 종합적인 플랜이 마련되어야 한다. 지방자치단체의 역할 또한 중요하다. 그저 데이터센터 하나 유치하는 식의 보여주기 행정에서 벗어나, 지역 산업과 AI를 어떻게 창의적으로 결합할 것인지에 대한 지자체만의 혁신적인 전략이 절실한 시점이다.

AI의 발전은 우리에게 장밋빛 미래만을 약속하지 않는다. 우리가 반드시 직면하고 해결해야 할 엄중한 과제들이 산적해 있다.

가장 큰 위협은 일자리 문제이다. 이미 수많은 일자리가 사라지고 있으며, AI가 더욱 고도화되고 피지컬 AI로의 진화가 가속화되면 급격한 고용 절벽이 닥칠 것이다. 기업은 공장 건설 단계에서부터 공장 전체를 하나의 거대한 AI 로봇으로 설계하게 될 것이며, 제조업뿐만 아니라 거의 모든 영역에서 인간의 역할이 대체될 것이다. 이는 자본에 막대한 이윤을 안겨주지만, 비용 절감을 앞세운 시장 장악력은 국가 권력마저 좌우할 힘을 갖게 할 것이다. 나아가 트럼프식 패권주의와 결합해 인류의 보편적 가치를 위협하는 상황으로 이어지지 않을까 하는 염려를 지울 수 없다.

에너지 문제 또한 심각하다. AI 연산을 위한 데이터센터의 막대한 전기 소모를 무작정 방치해서는 안 된다. 자칫 AI가 인류의 에너지를 독식하며 심각한 '에너지 불평등'을 초래할 수 있기 때문이다. 우선은 재생에너지를 획기적으로 확대해 당면한 수요를 감당해야겠지만, 장기적으로는 기후 위기 속에서 지구를 살리기 위한 에너지 정책의 패러다임을 전 지구적 차원에서 새롭게 합의해야 한다.

더불어 일자리 상실에 대비한 로봇세 도입 등 세제 개편과 복지 안전망 구축이 시급하다. 기술 발전이 인간의 소외가 아닌 가치 실현으로 이어지도록 새로운 사회 비전을 수립해야 하며, 이를 뒷받침할 범

정부적 합의와 글로벌 표준 마련에 앞장서야 한다. 지금 당장 필요한 것은 이러한 사회적 합의를 이끌어낼 시스템이다. 정치가 이 문제를 한발 앞서 연구하고, 국민과 함께 치열하게 대안을 만들어가는 과정이 무엇보다 절실하다.

홈플러스 폐업 위기

최근 홈플러스가 폐업 위기에 내몰리며 큰 논란이 되고 있다. 노동 조합의 간절한 단식투쟁을 지켜보는 마음은 참으로 참담하고 가슴 아팠다.

최근 검찰이 홈플러스 사태의 주범인 MBK 파트너스 김병주 회장을 비롯한 경영진 4명에 대해 구속영장을 청구했다. 신용등급 하락으로 기업회생 신청을 앞둔 상황에서 대규모 채권을 발행해 투자자들에게 수백억 원대 손실을 입힌 혐의다.

MBK는 전형적인 자산 수탈과 기업 파괴를 자행해 왔다. 홈플러스 인수 후 이들의 관심은 오로지 투자금 회수에만 쏠려 있었고, 이를 위해 알짜 매장들을 헐값에 팔아치우는 데만 몰두했다. 한때 건실했던 유통 기업을 껍데기만 남긴 채 망가뜨리고, 이제는 남은 매장들까지 매각하겠다는 '확정된 파산' 계획으로 법원과 국민을 기망하고 있다.

특히 악질적인 지점은 노동자의 생존권과 지역 경제를 통째로 무너뜨리고 있다는 사실이다. MBK는 강릉, 천안 등 지역의 유일한 매장들까지 폐점하려 한다. 이는 지역주민의 소비권을 박탈하는 행위이자, 수십 년간 헌신해 온 노동자들을 아무런 대책 없이 길거리로 내쫓는 반인륜적 처사다. 만약 이들을 구속하지 않는다면, 남은 매각 절차를 강행하여 수만 명의 삶의 터전을 완전히 초토화시킬 것이다.

또한 김병주 회장을 비롯한 피의자들은 도주 및 증거 인멸의 우려가 매우 크다. 해외 출국이 잦아 도주 가능성이 있으며, 거대 로펌 뒤에 숨어 감사보고서 조작 의혹 등 이미 드러난 혐의마저 전면 부인하고 있다. 이들에게 불구속 수사는 범죄를 은닉할 시간만 벌어주는 꼴이다.

사법부에 강력히 촉구한다. 노동자의 일터를 약탈하고 국가 경제 질서를 교란한 '기업 사냥꾼' 김병주 회장에게 필요한 것은 즉각적인 인신 구속과 엄중한 처벌뿐이다.

6 장

세상에 태어나 받은 가장 큰 선물,
나의 가족 이야기

어머니 아버지 그리고 우리 가족 역사

　나의 뿌리는 송상(松商)의 기개가 서린 개성에 닿아 있다. 대대로 그곳에서 터를 잡고 살아가던 조상들의 삶은 일제강점기, 할아버지가 장사를 위해 서울로 거처를 옮기면서 새로운 국면을 맞이했다. 아버지는 그렇게 서울에서 태어나 자라셨다.

　그러나 해방과 함께 찾아온 3.8선은 잔인했다. 잠시 뒤돌아선 사이 고향 땅은 갈 수 없는 북녘이 되었고, 할아버지와 아버지는 졸지에 고향을 잃은 실향민이 되어 다시는 개성 땅을 밟지 못하셨다.

　아버지가 채 성인이 되기도 전에 할아버지가 세상을 떠나셨고, 설상가상으로 집안의 기둥이었던 큰아버지마저 사고로 유명을 달리하셨다. 당시 여객 회사에 근무하시던 큰아버지는 결혼을 약속한 큰어머니와 어린 자녀를 두고 계셨지만, 정식 혼례를 올리기도 전에 닥친 갑작스러운 사고는 남겨진 이들의 운명을 뒤흔들었다.

　가장들이 사라진 빈자리를 지키던 아버지가 군에 입대하자, 집안은 걷잡을 수 없는 풍랑 속으로 빠져들었다. 큰어머니의 오빠, 즉 아버지의 사돈 쪽 인물은 서울의 주먹쟁이였다고 한다. 그는 아버지가 군 복무 중인 틈을 타 집안의 모든 재산을 처분한 뒤, 큰어머니와 아이를 데리고 떠나버렸다.

제대 후 돌아온 아버지 앞에 남은 것은 아무것도 없었다. 사라진 가족과 가산을 되찾기 위해 아버지는 그들을 찾아가 거세게 항의했지만, 돌아온 것은 무자비한 폭력뿐이었다. 아버지는 그렇게 억울함과 울분을 가슴에 묻은 채, 헐벗은 맨몸으로 험난한 세상을 다시 살아내야만 하셨다.

◉ 어머니와 아버지의 러브스토리

아버지는 포항에서 해병대원으로 복무하며 인생의 가장 소중한 인연을 만나셨다. 당시 포항 시내에서 미용 기술을 배우고 있던 어머니였다. 아버지가 제대하여 서울로 올라간 뒤에도 수많은 편지가 두 사람의 마음을 잇는 유일한 가교가 되어주었다.

그러나 사랑에는 시련이 따랐다. 어머니의 집안에서 다른 신랑감을 정해 혼사를 서두르기 시작한 것이다. 이 소식을 들은 아버지는 그동안 어머니와 주고받았던 수많은 편지 뭉치를 들고 한달음에 포항으로 내려가셨다.

아버지는 어머니의 집 앞에서 며칠 밤낮을 꼬박 무릎 꿇고 앉아 간절히 호소하셨다. 오직 어머니 한 사람만을 책임지겠다는 해병대다운 패기와 진심 어린 눈물은 완고했던 집안의 마음을 결국 돌려놓았다. 이일화는 지금까지도 그 동네 '조밭골'에서 회자되는 전설 같은 사랑 이야기가 되었다.

우여곡절 끝에 결혼 승낙을 받아낸 두 분은 서울에서 신혼살림을 차리셨다. 아버지는 친구와 함께 금은방을 동업하며 가정을 일구기 위해 동분서주하셨다. 하지만 세상일은 마음 같지 않았다. 예상치 못한 사고로 인해 운영하던 금은방이 어려워지면서 아버지는 다시 한번 인생의 변곡점을 맞이하게 된다.

마침 부산에 계시던 친척분으로부터 취직 제안이 왔고, 아버지는 가족들을 위해 정들었던 서울을 떠나기로 결심하셨다. 그렇게 우리 가족은 낯선 땅 부산으로 향했고, 새로운 삶의 터전을 일구기 위한 제2의 여정을 시작하게 되었다.

아버지와 어머니 그리고 나

◉ 어머니의 가혹한 개인사

나의 외할아버지는 일제강점기 포항 오천마을에 살다 일제에 의해 강제징용을 당하셨다. 후일 가족들이 보상 청구를 시도했으나, 긴박했던 시대 탓에 편지나 기록 한 장 남지 않아 그 고통을 증명할 길조차 없었다는 사실은 가슴 아픈 역사의 뒤안길로 남았다.

어찌어찌 징용에서 벗어난 외할아버지는 동생과 함께 일본 히로시마에서 장사를 시작하며 자리를 잡으셨다. 그러다 고향 인근인 포항 양포 출신의 외할머니를 만나 혼인하셨고, 그곳 히로시마에서 우리 어머니가 태어나셨다. 어머니의 어린 시절 이름은 '도미꼬'였다. 부산에서 외갓집으로 놀러 갈 때면 동네 어른들이 나를 보고 "도미꼬 아들이 왔네"라며 반겨주시던 이유도 바로 그 이름에 남아 있었다.

1945년, 해방의 기운이 감돌자 외할아버지는 아내와 어린 딸을 먼저 한국으로 보내셨다. 본인은 히로시마의 사업을 정리하고 곧 뒤따라가겠노라 약속했지만, 그것이 영원한 이별이 되었다. 외할아버지가 히로시마로 돌아간 그해 8월, 원자폭탄이 투하되었고 할아버지는 끝내 돌아오지 못할 길을 떠나셨다.

홀로 남겨진 젊은 외할머니의 앞날을 위해, 집안 어른들은 아기였던 어머니를 외증조할머니(외할머니의 어머니)에게 맡기고 외할머니를

재가시키기로 결정했다. 어머니는 오랫동안 친어머니가 돌아가신 줄로만 알고 자랐다. 그러던 어느 날, 낯선 젊은 여인이 나타나 어머니를 바라보며 하염없이 눈물을 흘렸고, 그 눈물의 의미를 깨달은 어머니는 결국 친어머니가 계신 새아버지의 집으로 들어가게 되었다.

그러나 새 가정에서의 삶은 가시밭길이었다. 새아버지의 구박 속에 학교 교육은 꿈도 꿀 수 없었으며, 어머니는 어린 나이에 동생들을 돌보고 집안일을 도맡아야 하는 '살림꾼'이 되어야 했다. 모진 구박과 고된 노동 속에서 어머니는 스스로 살아남을 길을 찾기로 결심했다.

결국 어머니는 집안의 허락을 겨우 얻어내어 사실상의 가출을 감행하셨다. 무작정 포항 시내로 나간 어머니는 미용 기술을 배우기 시작했다. 거친 풍파 속에서도 자신만의 기술을 익히며 당당한 사회인으로 성장해 가던 그때, 운명처럼 포항에서 복무 중이던 아버지를 만나게 된 것이다.

장인어른과 장모님 이야기

◉ 번쾌, 장인어른

작년에 세상을 떠나신 장인어른은 울산 굴화 백천마을 출신이시고, 장모님은 굴화마을 출신이시다. 집안 어른들께 듣기로 장인어른의 젊은 시절 별명은 '번쾌'였다고 한다. 초한지에서 유방을 도와 천하를 통일했던 맹장 번쾌처럼, 장인어른 역시 남다른 기골과 천하장사 같은 힘을 자랑하셨기 때문이다.

젊은 시절 쌀가마니를 번쩍번쩍 들 정도로 힘이 좋으셨던 장인어른은 현대중공업에서 화물트럭을 모셨다. 당시 현대그룹 정주영 회장과도 직접 마주칠 기회가 있었을 만큼 현장을 누비던 분이었다. 이후 운수업을 그만두시고는 현대그룹 전체에 달걀을 독점 납품하는 사업을 시작하셨다. 현대중공업과 현대자동차 등 대규모 사업장에 들어가는 물량이 워낙 많아 수익은 쏠쏠했지만, 그만큼 몸이 고되고 힘든 일이었다.

사업 규모가 차츰 줄어들 무렵, 장인어른은 처남인 아내의 외삼촌에게 사업을 넘겨주시고 일을 마무리하셨다. 내가 아내와 결혼할 즈음이 바로 그때였다. 연애하던 시절 처가에 들르면 마당 가득 산더미처럼 쌓여 있던 달걀 상자들이 지금도 눈에 선하다. 그 상자들은 가족의 생계를 책임지기 위해 묵묵히 땀 흘리셨던 '번쾌' 장인어른의 치열했던 삶의 훈장과도 같았다.

◉ 장모님은 대단한 분이셨다

장인어른을 처음 뵈었을 때의 강렬한 인상을 잊을 수 없다. 짧게 깎은 머리에 당당한 체격까지 갖추고 계셔서, 마치 영화 속 조직의 우두머리를 대면하는 듯한 긴장감이 느껴질 정도였다. 반면 장모님은 장인어른과는 정반대로 아주 고우시고 참한 인상을 지니신 분이었다. '저렇게 단아하신 분이 어떻게 저토록 우락부락한 장인어른과 인연이 닿았을까?' 하는 의구심이 절로 들 만큼 두 분의 대조적인 모습은 퍽 인상적이었다.

하지만 곁에서 뵌 장모님은 외모와 달리 아주 강단 있고 실천적인 분이셨다. 팔순이 넘으신 지금도 행정적인 문제가 생기면 직접 발로 뛰어다니며 해결 방안을 모색하신다. 스스로 상황을 어느 정도 정리해 두신 뒤에야 사위인 나에게 도움을 청하실 정도로 주체적이시다.

작년에 장인어른이 세상을 떠나시고 이제 홀로 지내시는 장모님을 뵈면 마음이 늘 쓰인다. 마침 현재 사시는 곳이 곧 재개발될 예정이라, 이참에 우리 집 근처로 이사 오시라고 권유해 드리고 있다. 모시는 마음으로 가까이서 살피며, 그동안 장인어른과 장모님이 일구어 오신 삶의 무게를 조금이나마 나누어 지고 싶은 마음이다.

아버지의 부음

무거1동(현 삼호동) 구의원 후보 등록을 하고 난 이틀 후 부천에 어머니랑 계시면서 지병을 앓고 계시던 아버지가 돌아가셨다는 청천벽력의 부음을 전달받았다. 아무 생각도 할 수 없었고 모든 것을 일단 접어두고 부천으로 달려갔다. 결국 임종도 못 지키고, 싸늘해진 아버지를 보고 눈물만 흘릴 뿐이었다.

아버지의 사인은 뇌졸중이었다. 이미 많이 경색이 진행된 후에야 뇌경색임을 알게 되었고, 이미 손 쓸 시간을 놓쳐버린 상태였다. 아버지가 울산에 계시다가 부천으로 가셨는데 왜 빨리 알아보지 못했을까? 울산에 계실 때 이미 어눌해지신 것이 분명히 증상이라고 볼 수도 있었을 텐데. 불편이 드러난 곳만 치료하기 위해 병원을 다녀오시곤 했다. 왜 종합적으로 볼 수 있는 통찰과 상식이 없었을까, 경험이 없고 어려서 그렇다고 할 수 있는가, 병원의 의사들은 알 수가 없었을까 하는 자책이 아직도 가슴을 쳤다.

그렇게 첫날을 부천의 병원에서 보내고, 다음 날 아침 부산 영락공원으로 아버님을 모신 후 두 번째 날을 보냈다. 첫날 부천에서의 그 쓸쓸한 임종의 안타까움과는 조금은 다르게 정말 많은 분이 조문을 오셨고, 너무 정신이 없어서 슬픔도 잊은 채 다음날을 맞이했다.

셋째 날 양산 솥발산 묘역에 안장해 드리고 삼오까지 지냈다. 어머니도 울산으로 오시기로 하고, 약간 안정을 찾았다.

옛날 장터국밥

◉ 어머니와 아내의 헌신

　1999년 12월, '옛날 장터국밥'의 문을 열었다. 이전에도 잠시 학원을 운영한 적은 있었으나 워낙 서툴렀기에, 제대로 된 사업은 사실상 이번이 처음이었다. 다행히 어머니께서 식당 경험이 풍부하셨기에 실무를 진두지휘하셨고, 나는 지인들을 초청하고 홍보물을 준비하거나 간판을 다는 등 어머니가 시키는 일을 성실히 뒷받침하는 수준이었다.

　어머니는 기존에 국밥집을 하던 분의 레시피 전수 제안을 정중히 사양하셨다. 이미 어머니의 머릿속에는 당신만의 확고한 구상이 있으셨기 때문이다. 우리는 유명한 국밥집들을 탐방하며 차근차근 준비를 이어갔다. 개업 후 가장 중요한 과제는 맛의 균형을 잡는 일이었는데, 다행히 시작부터 맛있다는 평을 들었다. 하지만 맛이 완전히 자리를 잡기까지는 꽤 많은 시간이 소요되었다. 우리는 국밥뿐만 아니라 모든 반찬을 직접 담그기로 했기에, 사소한 밑반찬 하나까지 모두 정밀한 레시피를 만들었다. 사실 밥 짓는 일조차 쉽지 않았다. 가르쳐 준 대로 해도 예기치 못한 문제가 생기곤 했기에 늘 세심한 주의를 기울여야 했다.

　그런 철저함 덕분에 레시피는 안정되었고, 훗날 어머니가 은퇴하신 뒤에도 맛의 변함없이 식당을 유지할 수 있었다. 초기에는 어머니의 간섭이 큰 도움이 되었으나, 시간이 흐르며 직원들이 이를 잔소리로 느끼기 시작하자 어머니께서는 어느 순간 마음을 비우고 운영 일선에서 물러나셨다. 은퇴하시기 직전에는 아들이 운영하는 데 불편함이 없도록 냉장고를 교체하고 보수 공사까지 완벽히 마친 뒤, 아무 불편 없이 장사만 하면 되게끔 모든 것을 세심히 챙겨주셨다. 직접 장사를 이어가며 홀로서기를 해보니, 그때 어머니가 쏟으셨던 그 지극한 마음이 무엇이었는지 새삼 가슴 깊이 느껴진다.

식당을 시작한 뒤로는 사소한 고장 정도는 직접 해결해야만 했다. 전기도 기본적인 것은 내가 손보았고, 정 안 되면 나의 '슈퍼맨'인 장병진 사장님께 SOS를 쳤다. 그는 아무리 바빠도 퇴근길에라도 들러 불편한 기색 하나 없이 문제를 해결해 주곤 했다. 수도꼭지 교체 같은 간단한 수리는 이제 직접 처리한다. 처음에는 수도꼭지가 하늘을 향하게 설치되어 애를 먹기도 했지만, 이제는 순식간에 뚝딱해낼 만큼 요령이 생겼다.

우리 가게는 명절 전후로 사흘씩 쉴 뿐, 나머지 날들은 연중무휴로 운영한다. 직원들은 요일을 정해 주휴를 갖지만, 자영업자인 나는 매일 출근해야 한다. 그러다 보니 1년 365일 중 359일은 새벽 6시부터 일과가 시작된다. 명절에도 몸에 밴 습관 탓에 늦잠을 잘 수가 없다. 특히 우리 가게는 주말이 더 붐비는 편이다. 금요일에 일상적인 활동을 마친 지인들이 "주말 잘 쉬고 월요일에 봐요"라고 인사할 때면, "아뇨, 나는 주말이 더 힘들어요"라고 일일이 대꾸할 수도 없어 그저 속으로만 '참 좋겠다' 부러워하곤 한다.

복잡한 행정 업무도 큰 부담이다. 고용노동부나 세무서에서 쉴 새 없이 날아오는 공문들을 챙기는 일이 만만치 않다. 세무사에게 대행을 맡기기는 하지만 수수료 부담이 적지 않고, 세무사를 고용하더라도 결국 기초 자료는 자영업자가 일일이 챙겨야 하기에 여간 번거로운 게 아니다. 그래서 자영업자 모임에 나가면 동료 사장님들이 나에게 세무나 노무 관련 질문을 가장 많이 던지곤 한다. 그 고충을 누구보다 잘 알기에 아는 범위 내에서 최대한 성실히 설명해 드리고, 때로는 직접 가게까지 찾아가 도움을 드리기도 한다.

가끔 술 취한 손님이나 무례한 태도, '노쇼' 같은 진상 고객들로 머리가 아플 때도 있지만, 예전에 비하면 그런 경우는 눈에 띄게 줄어든 편이다. 그보다 백 배, 천 배 더 많은 것은 오히려 우리를 웃게 만드는 감사한 손님들이다.

잊지 않고 찾아주는 단골들은 물론이고, 정성스레 리뷰를 남겨주는 배달 고객들, 직원들의 친절이 고맙다며 음료수를 슬쩍 건네고 쑥스럽게 나가시는 분들이 계신다. 새해 첫날부터 내가 소금 항아리를 깨뜨리자 "올해 액땜 제대로 했으니 장사 대박 나겠다"라며 유쾌하게 박수를 쳐주던 손님들도 잊을 수 없다. 어릴 적 부모님 손을 잡고 왔다며 10여 년 만에 찾아온 신혼부부, 퇴직 전 단골이었는데 멀리 이사 가서도 맛이 그리워 들렀다며 반가워하시던 노부부, 그리고 재개발 때문에 가게가 없어질까 봐 신신당부하는 찐 단골들까지. 이런 분들 덕분에 다시 힘을 낸다.

자영업자에게 가장 힘든 순간은 역시 매출이 떨어질 때다. 규모에 상관없이 매출 하락의 타격은 늘 치명적이다. 내가 하루라도 아파 문을 닫으면 그 파장은 고스란히 통장 잔고로 이어진다. 나가는 지출은 정해져 있는데 입금이 멈추는 순간, 순식간에 잔고가 바닥나기 때문이다. 이런 상황이 며칠만 지속되어도 결국 적금을 깨거나 대출에 손을 댈 수밖에 없다.

하지만 은행 문턱은 높고 신용은 낮다 보니, 울며 겨자 먹기로 고금리 대출을 받았다가 더 깊은 수렁에 빠지는 동료들이 많다. 실제로 자영업자 중에는 다중 채무나 악성 채무에 시달리는 분들이 상당수다. 나 역시 진보당에서 금융복지상담사 자격증을 가지고 상담을 진행해 보면, 자영업자의 비중이 압도적으로 높다는 것을 매번 실감한다. 정부 시책이 있어도 내용을 모르거나 아예 대상에서 제외되는 사각지대가 너무 많다. 이런 현실적인 문제를 해결해 줄 행정 시스템이 절실하다. 나는 현장에서 보고 느낀 이 고질적인 문제들을 해결하는 데 앞으로의 노력을 쏟고 싶다.

나는 국밥집을 운영하는 자영업자로서 정치를 하는 것이 자랑스럽다. 우리 자영업자들이 골목골목 웃음소리가 들리는 그날을 기대해 본다.

나의 사랑, 나의 잔소리꾼 아내

아내는 울산 굴화에서 태어나 초등학교 시절부터 지금의 옥교동, 당시에는 '새치'라고 불리던 처가 동네에서 줄곧 자랐다. 장인·장모님 집안 모두 대대로 울산에 뿌리를 내린, 그야말로 토박이 중의 토박이 집안이다.

아내는 일란성 쌍둥이 자매인데, 몇 분 먼저 태어난 언니와 아내, 그리고 여동생과 막내 남동생까지 3녀 1남의 화목한 가정에서 자라났다. 쌍둥이 언니는 어릴 적부터 중성적인 매력이 넘쳐 태권도를 배우기도 했는데, 고등학교 시절엔 여학생들이 집까지 찾아와 선물을 놓고 갈 정도로 인기가 대단했다고 한다. 반면 아내는 평소엔 조용한 성격이었지만, 자매끼리 다툴 때만큼은 절대 뒤지지 않는 강단 있는 아이였다고 하니 그 풍경이 눈에 선해 웃음이 난다.

고교 시절, 미술에 소질이 있었던 아내는 미대 진학을 결심하고 공업탑 인근의 미술학원에 다녔다. 그래서인지 아내의 학창 시절 기억은 상당 부분 그 미술학원을 중심으로 채워져 있다. 지금도 공업탑 근처를 지나다 앞치마를 두른 채 재잘거리는 미술학원생들을 보면, 아내의 풋풋했던 어린 시절 모습이 겹쳐 보여 절로 눈길이 간다. 무엇이든 한 번 시작하면 끝을 보는 성격답게, 아내는 이화여대 미술대학에 입학해 조소를 전공하게 되었다.

아내가 대학에 진학할 무렵, 서울은 학생운동의 황금기를 맞이하고 있었다. 아내 역시 자연스럽게 학생회 활동에 뛰어들었다. 마음 맞는 동기들과 함께 미술대학 학생회를 이끌었는데, 학술부장을 맡아 당시 유홍준 교수를 강연자로 섭외하려 애썼던 일화는 지금도 가끔 들려주는 단골 소재다.

서울지역 연합 집회에 참여해 거리를 누비던 이야기며, 과외를 하러 멀리까지 버스를 타고 다니던 고달픈 대학 시절 이야기를 듣다 보면 아내의 열정이 고스란히 느껴진다. 특히 인상 깊었던 것은 학교 집회 때의 에피소드다. 도와주러 온 연대·고대 남학생들이 "여학생들은 뒤로 빠지라"라며 앞장서려 하자, "우리가 주인인데 왜 빠지느냐"라며 분노했다는 대목에서는 아내 특유의 당차고 주체적인 면모가 엿보여 내심 감탄하게 된다.

아내가 가장 자주 들려주는 이야기는 신촌 하숙집 시절의 에피소드다. 당시 하숙집에는 주로 이화여대와 연세대 학생들이 많았는데, 연세대에 다니던 한 학생이 마침 나와 같은 브니엘 고등학교 출신이었다고 한다. 아내가 어느 학교 출신이냐고 묻자, 그 후배는 '부'와 '브' 사이의 모호한 발음으로 "브고 나왔다"라며 우물쭈물 대답했단다. 아내가 "아, 부산고등학교 나왔어?"라고 다시 묻고 나서야 겨우 "브니엘 나왔다"라고 실토했다는 이야기를 하며, 아내는 두고두고 브니엘고의 위상을 가지고 나를 놀리곤 한다. 우리 세대 남자들이 모교에 대한 애착이 얼마나 큰데, 나는 그때마다 "그 후배 녀석, 기강 좀 잡아야겠다"라며 장난스럽게 맞받아치곤 한다.

아내의 대학 동기들을 보면 세련된 서울 말씨를 써서 그런지 참 멋있어 보였다. 하지만 아내 눈에는 그들도 그저 서울 사투리를 쓰는 정겨운 친구들일 뿐이었다. 지금도 가끔 연락을 주고받는 친구들이 있긴 하지만, 각자의 삶이 바쁘다 보니 예전처럼 자주 얼굴을 마주하기는 쉽지 않은 듯하다.

아내는 나와 같은 해에 대학을 졸업하고 곧장 고향인 울산으로 내려왔다. 내려오자마자 '새날여는청년회' 활동을 시작하며 총무부장이라는 막중한 책임을 맡았고, 노래 동아리 활동에도 온 열정을 쏟았다. 그무렵 반구동 학성초등학교 앞, 장인어른 소유의 나대지에 조립식 건물을 지어 새 터전을 마련했다. 건물 일부는 문방구로 임대해 주고, 아내는 그곳에서 자신의 전공을 살려 미술 교습소를 열었다. 그렇게 울산에서의 새로운 삶과 활동이 본격적으로 시작되었다.

아내와의 연애 시절, 나는 늘 옥교동 새치에 있던 처가까지 그녀를 바래다주곤 했다. 지금은 폐선되어 흔적조차 없지만, 당시 그 길목엔 철길이 가로막고 있어 제법 컴컴했다. 우리는 꼭 그 어스름한 철길가에 멈춰 서서 달콤한 입맞춤을 나누며 헤어짐의 아쉬움을 달랬다. 밤늦게 도착해 대문이 굳게 잠겨 있을 때면, 담벼락 위로 아내를 훌쩍 들어 올려 안으로 들여보내 주던 기억도 이제는 아련한 추억이다.

일란성 쌍둥이 자매이기에 겪었던 재미있는 일화도 많다. 한창 연애 중이던 어느 날, 평소 가깝게 지내던 김종훈(현 동구청장)이 맞은편에서 걸어오는 아내를 보고 반갑게 미소를 지으며 아는 척을 했다. 그런데 아내가 눈길도 주지 않고 쌩하니 지나쳐 버리자 무척 당황했다는 것이다. 나중에 아내에게 그 이야기를 전해 들으니 "그건 내가 아니라 언니야!"라며 깔깔거리고 웃었다. 또 한 번은 아내와 옥교동 시내 집회에서 구호를 외치고 있을 때였다. 당시 현대정공에 다니던 처형의 직장 간부들이 지나가다 아내를 보고는, 처형이 시위 대열에 서 있는 줄 착각해 곤혹스러운 상황이 벌어질 뻔했다는 이야기를 나중에 처형을 통해 전해 듣기도 했다.

우리 가족 사진

아내가 명문대를 나왔기에 조금 까다롭지 않을까 생각하는 분들도 있지만, 사실 아내는 무슨 척하는 가식을 가장 싫어하는 소탈한 사람이다. 누구를 대하든 편견 없이 진심을 다하며, 잘나가던 미술 교습소를 접고 어머니와 국밥집을 시작하자는 내 제안에도 흔쾌히 곁을 지켜준 고마운 사람이다.

만약 아내에게서 조금이라도 까칠한 기색이 느껴진다면, 그것은 전적으로 내 탓일 것이다. 열 번이나 선거에 출마하는 남편을 둔 아내의 마음이 오죽했겠는가. 2010년 이후부터는 본인도 유세차에 올라 지지를 호소해야 했고, 후보 못지않은 강행군을 소화해야 했다. 후보 앞에서는 차마 못 할 소리를 배우자에게 함부로 내뱉는 이들의 도발을 2년, 4년 주기로 견뎌내는 일은 웬만한 멘탈로는 불가능한 일이다. 주변의 동정 어린 시선이나 "이제 그만 좀 해라"라는 뼈아픈 참견들 속에서 아내가 겪었을 후유증은 감히 짐작조차 하기 어렵다.

그 모진 세월을 묵묵히 버텨내고, 단 한 번도 나의 출마를 대놓고 반대하지 않았던 아내에게 나는 깊은 동지애와 미안함을 느낀다. 그런 와중에도 아내는 성당 자매님들에게 미술을 가르치는 재능기부를 이어가고 있으며, 혼자서도 그림을 그리고 있다.

2026년이라는 중차대한 시점이 지나가게 되면 아내의 머슴으로 살아야하지 않을까 생각도 해본다.

나의 두 아들

우리 두 아들은 서로 닮은 듯하면서도 각자만의 뚜렷한 개성을 지니고 자라주었다.

큰아들은 다방면에서 소질을 보이는 다재다능한 스타일이다. 어릴 적에는 시 쓰기에 재능이 있어 상을 받아오더니, 대학 시절에는 농구부 주장을 맡아 코트를 누비고 합창단 단원으로 활동하며 교내 가요제에서 수상할 만큼 풍부한 예술적 감성과 리더십을 보여주었다.

지금은 중학교 수학선생이 된 큰 아들과 함께 자전거 행진에 참가함.

무엇보다 큰아들의 저력은 놀라운 집중력에 있다. 부산대학교 정보컴퓨터공학과에 재학하던 중 군대에 다녀오더니, 돌연 "선생님이 되고 싶다"라며 한 번 더 기회를 달라고 했다. 아들의 진심을 믿고 응원해주었더니, 보란 듯이 부산대 수학교육과에 다시 합격했다. 졸업 당시 과에서 유일하게 임용시험에 최종 합격하는 모습을 보며, 목표를 향해 무섭게 몰입하는 아들의 에너지를 다시금 느낄 수 있었다. 작년에는 치과의사이자 너무도 밝은 에너지를 가진 며느리와 백년가약을 맺고, 이제는 어엿한 가장이 되어 행복한 신혼생활을 꾸려가고 있다.

작은아들은 어릴 때 그야말로 겁 없고 귀여운 '만능 스포츠맨'이었다. 일반 유치원 대신 YMCA 아기 스포츠단을 보냈는데, 물 만난 물고기처럼 적성에 딱 맞아 하며 운동에서 두각을 나타냈다.

사춘기를 거치며 한때는 새로운 도전을 망설이기도 하고, 앳된 모습이 사라지며 달라진 외모만큼 성격도 변하는 것 같아 부모로서 걱정이 앞섰던 시기도 있었다. 하지만 고교 시절, "체육대학에 가는 것이 내 적성에 맞겠다"라며 다시 운동화 끈을 조여 매기 시작하더니 예전의 활기를 되찾았다. 본인이 좋아하는 길을 선택하자 눈빛부터 달라졌고, 결국 동의대학교 체육학과에 입학했다. 군 복무를 건강하게 마치고 돌아와 이제는 졸업을 앞둔 4학년이 되어 늠름하게 자신의 앞날을 준비하고 있다.

　다재다능한 큰아들과 본인의 적성을 찾아 활기를 되찾은 작은아들, 제 몫을 다하는 모습이 정말 대견하다. 든든한 두 아들과 며느리까지, 온 가족이 다 함께 모이는 날이면 집안이 활기찬 에너지가 가득 넘친다.

7 장

굽이진 길이지만 진심을 다해 걸은
나의 이야기

남다른 적응력을 가졌던 나의 성장기

나의 돌 사진

　나의 생애 첫 기억은 서울의 심장부, 광화문 인근의 어느 골목길에 머물러 있다. 사직공원을 지나 배화여고로 향하는 그 고즈넉한 언덕길 근처가 내가 태어난 곳이다. 어린 시절, 어머니의 따뜻한 손을 잡고 내

집 앞마당처럼 광화문 거리를 거닐었고, 뒤편으로는 인왕산이 병풍처럼 둘러싸여 있었다. 동네 형들을 따라 인왕산 자락을 뛰어다니던 기억은 이제 아스라한 잔상으로 남아, 내 유년의 뿌리를 지탱하고 있다.

평온했던 서울 생활은 아버지의 사업 실패로 전환점을 맞이했다. 금은방 동업의 좌절 이후, 가족은 부산에 계신 외삼촌의 취직 제안을 따라 낯선 남쪽 도시로 향했다.

서울내기였던 내가 처음 부산에 도착했을 때, 낯선 말투 때문에 또래들의 짓궂은 놀림을 받기도 했다. 하지만 아이의 생존 본능이었을까. 어머니는 내가 어느 순간 서울 말씨를 싹 지워버리고 완벽한 부산 사나이의 말투로 변해있었다고 회상하시곤 한다. 어쩌면 새로운 환경에 몸을 던지는 나의 '남다른 적응력'은 그때부터 시작된 것일지도 모른다.

1970년, 나는 부산 서면 인근의 당감초등학교(당시 당감국민학교)에 입학했다. 당시 부산 사람들에게 당감동은 '화장장(화장막)'이 있는 동네로 각인되어 있었고, 실제로 어린 시절 그 근처는 우리들의 단골 놀이터였다.

그 시절 가난한 도시 서민의 삶이 다 그러했듯, 우리 가족 역시 고단한 셋방살이를 이어갔다. 초등학교만 무려 네 군데를 옮겨 다닐 정도로 이사가 잦았다. 하지만 어린 나에게 이사는 고생이 아니라 새로운 모험이었다. 짐을 풀기도 전에 새 동네를 한 바퀴 휘둘러보며 느꼈던 그 묘한 설렘은, 척박한 현실 속에서도 잃지 않았던 긍정의 힘이었다.

초등학교 3학년 무렵, 전국을 강타한 태풍으로 수많은 수재민이 발생했다. 어린 마음에도 이웃의 고통이 남 일 같지 않았던지, 나는 옆집 형과 의기투합해 '수재민 돕기 모금 운동'에 나섰다.

우리는 직접 만든 모금함을 들고 부산의 번화가인 서면으로 나갔다. 씩씩하게 돈을 잘 받아내는 형에 비해 나는 모금이 잘되지 않았다. 그래서 형에게 돈을 넣어주는 행인 곁에서 "나도요!"라며 외쳤다. 그 시절의 민망함 때문인지 내 기억엔 가물가물하지만, 훗날 형의 이야기를 전해 들은 어머니는 그 '나도요' 소년의 모습을 흐뭇하게 추억하시곤 한다.

모금액은 비록 소박했지만, 어머니는 그 어린 아들의 기특한 마음이 꺾이지 않도록 돈을 조금 더 보태주셨다. 덕분에 나는 형과 함께 당당히 부산의 한 방송국을 찾아가 성금을 전달할 수 있었다. 그것은 타인의 아픔에 공감할 줄 아는 인간으로 성장하는 법을 배운 기회가 되었다.

세 번째로 전학을 간 장산초등학교 시절의 기억은 내게 조금 특별한 울림으로 남아 있다. 당시 학교 인근에는 '고아원(당시 표현)'이라 불리던 아동 복지 시설이 있었다. 4학년부터 5학년까지, 그 시기를 나는 그곳 친구들과 함께 보냈다.

우리는 자연스럽게 어울렸고, 그 아이들은 나를 살갑게 대해주며 잘 챙겨주었다. 그 친구들에게는 척박한 환경에서 본능적으로 다져진 놀라운 '단결력'이 있었다. 만약 무리 중 한 명이라도 누군가에게 괴롭힘을 당하거나 맞고 오기라도 하면, 그들은 마치 제 일처럼 발 벗고 나서서 함께 응징해주곤 했다. 그 끈끈한 결속력 덕분에 학교 내에서 그 누구도 그들을 함부로 건드리지 못했다.

점심시간이면 우리 사이에는 정겨운 풍경이 펼쳐졌다. 나는 집에서 정성껏 싸주신 밥 도시락을 가져갔고, 시설에서 생활하던 친구들은 급식으로 나온 빵을 점심으로 가져왔다. 서로의 음식을 우리는 바꿔 먹곤 했다.

네 번째로 전학한 곳은 우리 가족이 처음으로 내 집 마련의 꿈을 이룬 반여초등학교였다. 셋방살이를 전전하던 끝에 비로소 뿌리를 내리게 된 그곳에서, 나의 초등학교 시절 마지막 장을 펼쳤다.

당시 우리 반 반장은 집안 형편이 넉넉한 아이의 몫이 되었고, 담임 선생님은 내게 '지도위원'이라는 직책을 맡기며 어딘지 모르게 미안한 기색을 내비치셨다. 아이들 사이에서도 보이지 않는 서열이 있었다. 소위 힘 좀 쓰고 공 좀 찬다는 간부급 아이들을 중심으로 축구팀이 결성된 것이다.

자연스럽게 그 대열에 끼지 못한 아이들이 생겨났다. 소외된 아이들은 나를 찾아와 우리만의 축구팀을 따로 만들자고 제안했다. 사실 나는 이미 결성된 팀에 몸을 담고 있는 입장이었으나 나를 찾아온 아이들의 심정이 이해가 갔다. 결국 나는 그들의 손을 잡고 새로운 팀을 만들었다.

　우리 집의 좁은 방에 옹기종기 모여 앉아 서로의 포지션을 정하고, 나름대로 치밀한 전술을 짜며 전의를 불태웠다. 객관적인 실력은 상대팀보다 조금 뒤처질지 몰라도, 우리 팀의 기세는 대단했다.

　승부의 관건은 학교에서 뛰어난 실력을 자랑하던 육상 선수 친구를 포섭하는 일이었다. 워낙 발이 빨라 어느 팀에 가든 전력의 핵심이 될 아이였다. 다행히 그 친구는 평소 우리와 공감대가 깊었고, 처음에는 기꺼이 우리 팀에서 뛰기로 약속했다. 그러나 운명의 시합 당일, 믿기지 않는 일이 벌어졌다. 우리 팀의 에이스가 되어줄 줄 알았던 그 친구가 돌연 마음을 바꿔 상대 팀 진영에 서 있는 것이었다. 굉장한 실망감을 느꼈던 기억이 아직도 생생하다.

　성인이 된 후, 동창들을 찾아주는 '아이러브스쿨'이라는 사이트가 한창 유행하던 시절이 있었다. 혹시나 하는 호기심에 접속해 보았지만, 선뜻 누군가를 떠올리거나 찾아내지 못한 채 창을 닫고 말았다. 그러다 얼마 전, 우연히 옛 추억이 깃든 그 동네를 다시 방문할 기회가 생겼다. 그곳은 이제 더 이상 예전의 모습이 아니었다. 몰라보게 변해버린 풍경 앞에서 나는 도무지 어디가 어디인지 갈피를 잡을 수 없었다. 어린 시절의 소중한 기억은 이제 눈에 보이는 풍경이 아니라, 오직 내 가슴속에만 온전히 남아 있는 것이라는 사실을 깨달았다.

중학교 시절은 안개처럼 가물가물하다. 1학년 때 나를 유독 아껴주셨던 새내기 담임 선생님의 따뜻한 눈빛, 마당에서 참새를 잡겠다고 친구와 숨죽이며 기다리다 허탕을 쳤던 순진한 기억, 그리고 내 동기 중 한 명이 지금은 이름만 대면 아는 유명 탤런트가 되었다는 사실 정도가 단편적인 조각으로 남아 있을 뿐이다.

인생의 격동기는 고등학교 시절에 찾아왔다. 이른바 '질풍노도'의 시기였다. 나는 성격상 아주 엇나가는 스타일은 아니었지만, 가슴속에는 늘 알 수 없는 해방감이 꿈틀거리고 있었다. 그 일탈의 서막은 2학년 여름방학, 거제도 캠핑이었다.

우리는 거제도로 떠나기 위해 치밀한 작전을 짰다. 내 절친한 친구였던 유승의 아버지는 못 가게 하려고 연안부두까지 쫓아오셨다. 하지만 어머니가 미리 알려주신 덕분에 우리는 무사히 거제도행 배에 몸을 실을 수 있었다. 난생처음 떠나는 캠핑, 배 안에서 느꼈던 그 터질 듯한 설렘은 지금도 생생하다.

첫날 도착한 구조라 해수욕장에서 우리는 누군가 챙겨온 작은 삼각 텐트를 펼쳤다. 그 좁은 텐트 앞에 카세트테이프를 틀어놓고, 당시 유행하던 삼각 스텝을 밟으며 고고춤을 추었다. 잘 마시지도 못하는 술을 한 잔씩 나누고, 근처 카페 DJ의 목소리가 들려오는 곳에서 흥에 취해 몸을 흔들기도 했다.

그날 밤, 갑자기 쏟아진 빗줄기에 텐트 안은 금방 한기로 가득 찼다. 우리는 서로의 체온에 의지해 오들오들 떨면서 겨우 잠을 청했다. 다음 날은 텐트를 접고 민박을 하기로 했다. 일부러 여학생들이 묵고 있는 민박집을 찾아 헤매던 그 순수한 치기 끝에, 대구에서 놀러 온 여학생들과 어울려 즐거운 시간을 보내기도 했다.

그 시절의 낭만을 대표하는 풍경 중 하나는 단연 대학가요제였다. 우리는 대학가요제가 주는 그 특유의 자유로움에 흠뻑 취해 있었다. 친구의 자취방이나 해운대 백사장에 모여 앉아 통기타 선율에 목소리를 싣고, 우리도 조만간 멋진 그룹사운드를 하나 만들어보자며 호기롭게 떠들어대던 기억이 지금도 생생하다.

마침 1978년, 부산대생들로 구성된 팀 '썰물'의 〈밀려오는 파도 소리〉가 대학가요제 대상을 받으며 부산 전체가 들썩였다. 그 주역 중 한 사람이 마침 친구의 형이었는데, 우리에게 그는 단순한 선배가 아니라 거의 신적 존재와 다름없었다.

음악만큼이나 나를 사로잡았던 것은 '삼중당 문고'였다. 학교 앞 서점에 가면 빙글빙글 돌아가는 전시대에 손바닥만 한 작은 책들이 꽂혀 있었다. 세계 고전들을 간략하게 요약해 놓은 그 다이제스트 판본들을 한 권씩 사 모으는 재미가 쏠쏠했다. 덕분에 그 시절 엄청난 양의 고전을 섭렵할 수 있었다.

문학적 갈증이 깊어지자 친구와 함께 소설을 써보자고 의기투합하기도 했다. 친구가 한 페이지를 써오면 내가 그 내용을 이어받아 다음 페이지를 채워가는 릴레이 방식이었다. 비록 결과물이 어떻게 끝났는지 기억나지 않는 것으로 보아 중도에 하차한 모양이지만, 창작의 열정만큼은 누구보다 뜨거웠다.

그 무렵, 서툰 호기심으로 담배를 처음 배우기도 했다. 몸에 잘 맞지 않았는지 적응하는 데 꽤 애를 먹었던 기억이 난다. 또한, 3학년 겨울방학에는 친구 누나의 도움으로 남포동 나이트클럽이라는 신세계를 처음 접했다. 화려한 조명 아래 울려 퍼지던 그룹사운드의 '본 투 비 얼라이브(Born to Be Alive)'는 강렬한 잔상이 되어 며칠 동안이나 귓가를 맴돌며 나를 설레게 했다.

어느덧 닥쳐온 고등학교 3학년, 막바지 대입 공부에 박차를 가했다. 진도를 다 끝내지 못한 과목이 있어 심리적으로 쫓기기도 했지만, 다행히 당시 핫했던 울산공대(현 울산대학교) 전기 및 전자공학과에 합격했다. 그렇게 질풍노도의 고교 시절을 뒤로하고, 나는 설레는 마음으로 대학 생활을 시작했다.

나의 감정선을 건드려 울리는 것들

언젠가 일제강점기 독립운동가들에 대한 이야기를 들은 적이 있다. 그 무시무시한 고문과 옥고를 치르며 죽어가는 순간까지도 많은 분이 나지막이 불렀던 노래가 바로 '고향의 봄'이었다고 한다.

"나의 살던 고향은 꽃피는 산골, 복숭아꽃 살구꽃 아기 진달래…. 그 속에서 놀던 때가 그립습니다."

이 노래를 접할 때면 나는 늘 가슴 한구석이 울컥해진다. 대의를 위해 목숨조차 기꺼이 내던진 초인적인 분들이지만, 그분들의 마음 가장 깊은 곳에 자리 잡았던 것은 결국 '꽃 대궐 차린 동네'에 대한 그리움, 즉 우리 민족의 본질과도 같은 가장 순수하고 소박한 평화였기 때문이다. 그 지극한 인간애가 노래 마디마디에 서려 있는 듯해 마음이 시리다.

세월호 참사 때도 그랬다. 슬픔에 잠겨 추모 집회 현장을 지키던 중, 한겨레 만평 한 장을 보게 되었다. 차디찬 바닷속에 잠겼던 여객선의 선실 문이 환하게 열리며, 아이들이 아무 일 없었다는 듯 "학교 다녀왔습니다!"라고 웃으며 들어오는 그림이었다. 그 그림을 마주하는 순간, 억눌렸던 감정이 한꺼번에 터져 나왔다. 무너져 내린 가슴으로 한참을 통곡했다.

어떻게 이런 역사와 이런 삶을 외면할 수 있겠는가? 나는 이런 마음들을 잃지 않으려 한다. 약한 것들에 공감하고, 사라진 것들을 그리워하며, 당연한 일상이 파괴된 이들의 아픔에 함께 울 줄 아는 마음. 내 영혼 깊은 어딘가에 이 순수함을 고이 간직하며 살아가고 싶다.

성당 입교

진보적인 정치를 걷는 이들이 흔히 그러하듯, 나 역시 종교적 확신도 없으면서 오직 정치적 이득을 위해 성당에 적을 두는 행위는 스스로 용납할 수 없었다. 성당에 대한 막연한 관심으로 무거성당을 찾았던 적도 있었지만, 정작 나는 교리 과정에서 출석 미달로 탈락하고 아내만 세례를 받는 웃지 못할 해프닝을 겪기도 했다. 그렇게 특별한 계기 없이 수년의 세월이 흘렀다.

그러던 2011년, 야음성당 체육대회 현장에 인사를 드리러 갔다가 구면이었던 주임 신부님으로부터 입교 권유를 받았다. 그 진심 어린 권유에 이끌려 그 자리에서 입교를 결심했고, 비로소 교리 과정을 마칠 수 있었다.

야음성당의 토끼띠 신자들의 모임이 있었다. 함께 성지순례 가서 찍은 사진. 늘 반갑고 가슴 아픈 친구들의 모임 사진이다.

직접 들어가 본 성당 안에는 예상보다 훨씬 깊고 넓은 또 하나의 세상이 펼쳐져 있었다. 밖에서 볼 때는 단순히 일주일에 한 번 모여 기도하는 곳인 줄 알았으나, 막상 그 공동체에 발을 들이니 수많은 조직과 촘촘한 인간관계가 살아 움직이고 있었다. 다양한 직업과 배경을 가진 이들의 삶이 얽혀 만들어내는 풍성한 스토리들이 그곳에 가득했다.

특히 당시 주임 신부님이 들려주신 독일 유학 시절과 스위스에서의 첫 사목 활동 이야기는 나를 성당의 매력에 푹 빠져들게 했다. 신부님의 말씀 한마디 한마디에는 삶을 관통하는 철학적 깊이가 담겨 있었고, 나는 그 말씀을 들을 때마다 깊은 감동을 느꼈다.

이후 다른 신부님들이 부임하신 뒤에도, 나는 강론을 들으며 나의 사회적 활동과 정치적 진심을 끊임없이 되돌아보곤 했다. 그리고 성당의 '순명'이라는 가르침이 가슴에 다가왔다. 성당은 단순히 종교적 공간을 넘어, 내가 추구하는 삶의 가치와 신념이 신앙과 뜨겁게 교감하는 성찰의 장이 되어주었다.

최근 강론 때 나이가 들면 자기 삶의 상황에 대해 만족할 줄 알아야 하고, 만족하게 되면 감사하게 되고 감사하다면 진심으로 이웃을 위해 뭐라도 할 수 있게 된다는 말씀에 공감했다.

나는 김석근 안토니오 선배님을 대부님으로 모시면서 요한보스코라는 세례명을 얻었다. 요한보스코는 청소년을 위해 애쓰셨던 가톨릭 성인이다.

나는 일찍이 천주교 신자로서 성당의 기초 기도 조직이자 성모님의 군대로 불리는 '레지오 마리애' 활동에 몸담았다. 지금까지도 본당 사목협의회의 부총무와 부회장직을 수행하며 공동체를 섬겨왔고, 신앙의 열정을 더 깊게 체험하는 '꾸르실료' 교육도 수료했다.

최근에는 시대적 소명에 발맞추어 기후 위기 대응을 위한 환경분과 위원으로도 참여하고 있다.

부산교구에서는 한 달에 한 번씩 '아름다운 세상을 여는 미사'와 함께 진보적 의제를 다루는 강연회를 개최한다. 석 달에 한 번은 울산 야음성당에서도 열리곤 했는데, 최근에는 울산 일정이 뜸해진 것 같아 아쉬운 마음이 크다. 사실 바쁘다는 핑계로 매번 참석하지는 못했다.

성경 구절 중 "부자가 하늘나라에 들어가는 것보다 낙타가 바늘구멍을 빠져나가는 것이 더 쉽다"라는 말씀이나, 예수님의 끊임없는 평등 실천을 되새길 때면 깊은 울림을 느낀다. 가끔은 그 시절 예수님이야말로 세상을 바꾸려 했던 진정한 '변혁운동가'가 아니었을까 하는 생각도 든다.

백남성, 윤은성, 유운하 전현직 사목회장님과 서영수 단장, 유인섭 부단장을 비롯한 레지오 단원님들, 토끼띠 친구 교우님들, 소띠 형님 교우님들, 옹기종기 등 많은 교우님들이 따뜻한 마음으로 격려해주시고 기도해주셔서 성당에서도 늘 행복하다.

세월이 흘러 나이가 많아진다면, 내 삶에서 성당이 차지하는 무게가 지금보다 더 커질 것 같다는 예감이 든다.

영화를 좋아하는 나

어린 시절, 나를 가장 설레게 했던 것은 영화 〈스타워즈〉가 선사한 광활한 우주였다. 저 먼 우주 너머에 얼마나 다양한 생명이 존재하고 있을지 상상하는 것만으로도 가슴이 벅차올랐다. 지금 내가 발 딛고 선 이 땅의 보고 듣는 것만이 완벽한 진리는 아닐 수도 있다는 깨달음, 그리고 그 상상을 현실로 구현해 내는 영화라는 매체에 나는 속절없이 빠져들었다.

영화는 아버지와의 소중한 접점이기도 했다. 아버지와 나란히 앉아 영화를 볼 때면, 아버지는 화면 속 배우의 생애와 그 이면에 깔린 역사적 배경을 이야기해 주시곤 했다. 그 이야기를 듣고 있을 때의 행복감은 무엇과도 바꿀 수 없는 것이었다.

그러나 시간이 흘러 대학이라는 공간에서 마주한 현실은 영화보다 훨씬 더 차갑고 치열했다. 군부독재의 서슬 퍼런 칼날 아래 국가권력의 폭력적 본질이 드러나고, 수많은 학우가 피 흘리며 싸우던 시대였다. 나는 그 치열한 투쟁에 공감하지 못하거나 외면하는 학우들을 보며 깊은 고민에 빠졌다. '어떻게 해야 저들의 마음을 움직일 수 있을까? 조금 더 설득력 있는 방법은 없을까?'

울산영화마을의 주축들, 영화를 사랑하고 민주주의를 꿈꾸던 젊은 그들, 이중 일부는 아직도 모임을 하고 있다.

　당시 운동권 내부에서 내놓은 답은 명확했다. 처참하게 깨지고 짓밟히는 현장을 보여줌으로써 대중의 분노를 끌어내고, 그 분노를 동력 삼아 일어서게 만드는 것이었다. 하지만 나는 조금 다른 생각을 했다. 투쟁의 당위성을 전달하는 데 있어, 사람의 마음을 깊숙이 파고드는 정교하고 감성적인 홍보 전략이 필요하다고 느꼈다.

　그 무렵 막 태동하기 시작한 '민족영화'나 '열린 영화'처럼, 영화라는 매체를 통해 본질적인 이해를 높이는 운동이 필요하다는 확신이 들었다. '내가 그 일을 해보면 어떨까?' 하는 열망이 가슴속에서 타올랐다.

급기야 휴학하고 충무로로 달려가 영화를 배우고 싶다는 고민을 선배에게 털어놓았지만, 당장 눈앞의 투쟁 과제가 산더미 같은데 영화라는 예술적 도구를 고민하는 것은 사치이자 안일함으로 치부되었다.

나 스스로도 내 생각이 어설프다는 것을 부정할 수 없었다. 실제로 무작정 충무로로 뛰어들었다 한들, 경험 없는 나는 무언가를 쉽게 이룰 수 없었을 것이다. 그렇게 나는 현실의 투쟁에 몸을 던졌다. 그것이 당시로서는 가장 합리적인 판단이었겠지만, 세월이 흘러도 가슴 한구석에는 그 꿈에 대한 일말의 아쉬움이 늘 작은 불씨처럼 남아 있다.

치열했던 민주화운동의 전선에서 잠시 잊고 지냈던 영화에 대한 열정은, 총학생회 임기를 마친 뒤 '새날여는 청년회' 활동을 시작하며 다시금 고개를 들었다. 영화라는 매개체를 통해 뜻을 같이하는 사람들과 고민을 나누고 작은 실천이라도 해보자는 생각이었다.

나는 곧장 실행에 옮겨 영화동아리를 만들었다. 학교 영화 서클인 '그르매' 출신의 김동근을 필두로, 영화 전공자였던 이재성, 그리고 두 명의 이수현과 오귀숙 등이 뜻을 모아 활동을 시작했다.

동아리 활동을 넘어 좀 더 대중적인 영화 운동을 모색하던 중, 마침내 '울산 영화마을'이라는 모임을 창립하고 내가 초대 회장을 맡았다. 우리는 남구 문화원에서 정기 영화 감상회를 개최하며 시민들과 소통했고, 예상보다 훨씬 많은 회원이 모여들며 조직은 활기를 띠었다. 이후 영산대 영화과 교수로 재직하게 되는 이정헌과 영화에 대한 애정이 남달랐던 윤정희 등을 비롯해, 영화의 꿈을 품은 많은 청년이 모여들며 모임은 더욱 견고해졌다.

그 무렵 부산에서는 부산국제영화제(BIFF)의 태동을 위한 준비가 한창이었다. 당시 경성대 이용관 교수가 그 핵심적인 역할을 수행하고 있었는데, 고맙게도 이 교수님은 울산까지 직접 오셔서 영화에 대한 깊이 있는 강의를 해주셨다. 우리 또한 수시로 부산을 오가며 교류의 폭을 넓혔다.

이용관 교수님의 소개로 영화 〈101번째 프러포즈〉의 오석근 감독을 비롯해, 향후 한국 영화의 전성시대를 열어갈 감독들을 만나는 행운을 누리기도 했다. 부산의 독립영화 및 민족영화 운동 단체 사무실을 드나들며 쉽게 구할 수 없던 고전 영화 비디오를 빌려 보기도 했다.

울산 영화마을 활동 중 가장 기억에 남는 일 중 하나는 이장호 감독님의 영화 상영회였다. 당시 거장인 이장호 감독님을 직접 초청하여 '감독과의 대화' 시간을 가졌는데, 영화 학도를 꿈꾸던 청년들이 감독님과 조금이라도 인연을 맺어보고자 애쓰던 열띤 모습들이 지금도 눈에 선하다.

최근 돌아가신 안성기 배우님과 스크린쿼터 반대, 우리 영화 지키기를 위한 마음으로 한 컷.
K스크린은 이런 과정을 통해 헐리우드의 공세에도 살아남을 수 있었던 건 아닐까

비록 지금 생각하면 쑥스러울 정도로 서툴렀지만, 우리는 직접 두 편의 실습 영화를 제작하기도 했다. 하나는 영화 〈101번째 프러포즈〉의 일부 장면을 오마주하여 따라 해본 것이었고, 다른 하나는 투박하지만 진솔한 시선으로 담아낸 〈어느 노동자의 하루〉였다. 이 영상들을 정기 상영회 시작 전 맛보기용으로 틀곤 했는데, 완성도는 낮았을지언정 영화를 향한 우리의 순수한 열정이 담겨 있었다. 아쉽게도 그 시절의 영상들은 이제 기록으로 남아 있지 않다.

그 후 2000년경, 나는 한 걸음 더 나아가 '울산국제영화제' 창립을 구체적으로 구상하기 시작했다. 당시 송철호 변호사를 추진위원장으로 추대하고, 의원 신분이었던 내가 집행위원장을 맡아 울산시와 긴밀한 협력을 이어갔다. 프랑스에서 활동하던 실력파 한국인 프로그래머까지 섭외할 정도로 준비는 꽤 본격적이었다. 그러나 추진 과정에서 여러 현실적인 제약과 갈등이 얽히며 영화제 창립은 결국 무산되고 말았다.

결국 시간이 흐르며 울산 영화마을도 해산의 길을 걷게 되었다. 영화에 대한 갈증이 컸던 일부 회원들은 꿈을 좇아 충무로로 떠났고, 남은 이들은 훗날 다시 여건이 마련되어 내가 다시 깃발을 올린다면 언제든 다시 뭉치기로 약속하며 아쉬운 작별을 고했다.

내가 좋아하는 영화 10개

◉ 바람과 함께 사라지다

고등학교 시절, 원작 소설로 먼저 접했던 그 작품은 한 번 펼치면 도저히 손에서 놓을 수 없을 만큼 강렬한 흡입력을 지니고 있었다. 영화가 개봉되었을 때의 전율은 지금도 잊을 수 없다. 나는 그 감동을 놓치기 싫어 보고 또 보기를 반복했다. 처음에는 대형 개봉관의 압도적인 스크린으로, 상영관이 작아진 뒤에는 그 나름의 아늑한 분위기 속에서, 그리고 더 작은 소극장으로 밀려났을 때조차 나는 극장을 찾았다. 대사서시, 비비언 리의 강인하면서도 매혹적인 눈빛 그리고 '타라의 테마'라는 저 유명한 주제 음악은 잊을 수 없다.

◉ 변호인

내가 과거에 느꼈던 불의에 대한 분노 같은 것들이 나이가 든 지금의 입장에서는 좀 달리 느껴질까? 이 영화를 보면서 얼마나 눈물을 흘렸는지. 그 시절로 다시 돌아간다고 해도 나는 현재의 이 길을 걸을 거라는 나의 마음을 다시 한번 확인해주는 영화였다.

◉ 인터스텔라

SF 영화 중에서도 이런 과학적 소재가 가미된 영화를 좋아한다. 여러 가지 복잡한 내용을 잘 풀어내서 공감을 느꼈던 작품이다. 신기하게 도 전세계에서 우리나라에서만 흥행에 성공했다니 우리나라 사람들의 호기심과 과학적으로 열린 마인드가 나와 비슷한 듯.

◉ 분노의 역류

'If you go, we go'라는 아주 쉬운 영어를 감동적으로 보여준 영화. 소방관과 불의 싸움을 감동적으로 표현했다. 작품의 완성도 면에서나 감동적인 측면에서 최고의 작품이다. 아직 안 보았다면 감동을 느낄 기회가 남아 있으므로 행복한 일이다.

◉ 다빈치코드

이런 종류의 영화는 그야말로 내 취향의 정수라 할 수 있다. 기독교 역사 속 '잃어버린 성배'의 의미를 과감하게 재해석한 이 작품은, 주인 공 로버트 랭던 교수가 의문의 살인 사건에 휘말리며 본격적인 서막을 연다.

영화는 레오나르도 다빈치의 불후의 명작 속에 숨겨진 암호(Code)를 통해 인류가 감추어온 거대한 진실에 다가간다. 진실을 수호하려는 비 밀 조직 '시온 수도회'와, 그 비밀을 지우려는 '오푸스 데이' 사이의 숨

히는 대립은 인류 역사를 송두리째 뒤바꿀 만큼 거대하고 치밀하다.

무엇보다 나를 사로잡은 것은 복잡하게 얽힌 코드를 순식간에 해독해 나가는 주인공의 천재적인 능력과 지적 탐구 과정이었다.

◉ 맘마미아

아내랑 큰 기대 없이 그저 젊은 시절 좋아했던 아바의 노래가 들어 있는 작품이라 보러 갔다가, 나도 모르게 몸이 움직이고 다리가 까딱거리는 행복함 속으로 빠져드는 영화였다. 1편이 더 좋다고 보지만 2편의 마지막에 셰어가 부른 Fernando는 미국의 침략에 맞서 멕시코의 자유를 위해 싸웠던 그 시절의 이야기를 노래한 것으로 너무 멋졌다. 역시 아바는 나의 영원한 우상이었다.

◉ 공동경비구역 JSA

사실 언론사 인터뷰를 진행한 적이 있었는데, 갑자기 좋아하는 영화가 뭐냐고 해서 약간 통일이라는 의미도 담기 위해 이 영화를 얘기했는데, 나중에 다시 한번 보니 그 사운드트랙의 감동과 청년들의 아픔이 우리 민족의 현실과 어울려 너무나도 잘 표현된 영화라고 생각되었다.

◉ 스타워즈

나의 어린 시절의 가장 큰 기억을 꼽으라면 바로 이 영화 스타워즈이다. 친구들이랑 늦게까지 놀다가 지쳐 평상에 누워 하늘을 보며 가득한 별들의 아름다움에 취하곤 했다. 그런데 스타워즈라는 영화는 그 모든 아름다움이 영화적 상상을 통해 현실이 되고 미래의 꿈이 되고, 가슴 뛰는 삶의 찬란한 가치를 느끼게 했던 영화였다.

◉ 아메리칸 익스프레스

영화동아리를 하면서 근처 스튜디오를 운영하던 분이 알고 보니 충무로 현장에서 작품활동을 하던 분이셨다. 스튜디오에서 이 작품을 보여주면서 자기가 가장 좋아하는 작품인데 영화가 끝나면 질문하겠다고 해서 얼마나 긴장하면서 보았는지. 그래서인지 감독의 영화적 장치들이 크게 와 닿기도 하고 뭔가 제대로 된 영화를 보는구나 하고 느낀 작품이다. 지금 보면 어떨지는 잘 모르겠다.

◉ 파업 전야

아마도 지금 봐도 감동적이지 않을까, 영화적 완성도는 떨어지지만, 그 시절 그 느낌들이 고스란히 남아 있는 화면들과 배우들의 열정을 느낄 수 있는 작품. 그중에서도 백미는 배경음악으로 흐르는 노래. 감동의 노래이다. 기회가 된다면 그 시절의 날것을 먹는다는 느낌으로 한번 봤으면….

담배를 끊는 방법

대학을 졸업하고 청년회 회장을 맡고 있을 즈음 당연히 상근비도 없는 조건이다 보니 자취방을 구할 형편이 안되기도 하고, 청년회와 울산연합의 일이 워낙 많아 나 혼자 사무실에서 먹고 자고 하였다. 가끔 모임을 마치고 공장을 다니는 노동자들과 족발집이라도 가게 되면 남은 큰 뼈를 싸 달라고 해서, 사무실로 가져와 푹 우려내서 곰국을 만들고, 며칠 동안을 재탕 삼탕을 하면서 먹다 보니 영양을 섭취하는 게 좀 어려움이 있던 시절이었다.

어느 날 술을 많이 마셨는데 새벽에 너무 몸이 안 좋아서 이대로면 건강에 큰 문제가 생기겠다는 생각이 공포로 다가왔다. 차마 대중 활동을 하는 입장에서 술을 끊지는 못하고, 담배는 며칠이라도 끊어 보기로 마음먹었다. 3~4일 정도까지 어떻게 어떻게 하면서 잘 버텨내었다. 이쯤 되니 그동안 끊은 게 아깝기 시작했다. 에라이, 기왕 며칠 끊은 것 아예 끊어 보자고 생각했다. 며칠이 다시 무사히 지났다. 그 때문인지 술은 좀 늘어났다.

그러던 중 위기가 찾아왔다. 울산연합에서 예식장을 빌려 주최한 강연회 행사가 있었고 언론에서도 취재를 오기로 한 날이었다. 저녁 강연이라 언론사들은 마감 시간 때문에 좀 일찍 와서 대기 중이었고 가급적 좀 빨리 시작해줬으면 좋겠다고 전해왔다. 그런데 이르게는 커녕 정시가 다 되도록 청중도 너무 적고 강연회 강사도 도착을 않는 것이었다. 시작하기 30분 전 정도부터 예정 시간이 일부 지날 때까지 너무나도 스트레스를 받았다. 어렵게 방송국 등 언론이 왔는데 그분들이 엄청 나를 닦달하니 담배 생각이 너무나도 간절했다. 무조건 담배를 피워야만 할 것 같은 상황이었는데 문득 요걸 한번 버텨보자는 생각이 들었고, 그 시간을 잘 버티고, 다행히 행사도 약간 늦었지만, 갑자기 해결되면서 원만히 치를 수가 있었다.

그 후에 이런 극한 경험을 하고 나니 웬만한 담배 욕구는 참을 자신이 생겼고 완전히 담배를 끊을 수 있었다. 그래서 후배들만 보면 요런 경험을 공유하고 싶어서 이야기하곤 하는데 나 혼자만 신났지 별로 감동은 없는 것 같았다.

시(詩)–나의 칼 나의 피 / 김남주

(감옥에서 즐겨보던 시집의 대표작)

만인의 머리 위에서 빛나는 별과도 같은 것

만인의 입으로 들어오는 공기와도 같은 것

누구의 것도 아니면서

만인의 만인의 만인의 가슴 위에 내리는

눈과도 햇살과도 같은 것

토지여

나는 심는다 그대 살찐 가슴 위 언덕에

골짜기의 평화 능선 위에 나는 심는다

자유의 나무를

그러나 누가 키우랴 이 나무를

이 나무를 누가 누가 와서 지켜주랴

신이 와서 신의 입김으로 키우랴

바람이 와서 지켜주랴

누가 지키랴. 왕이 와서 왕의 군대가 지켜주랴

부자가 와서 부자들이 만들어놓은 법이, 판검사가 와서 지켜주랴

천만에! 나는 놓는다

토지여, 토지 위에 사는 형제들이여

나는 놓는다 그대가 밟고 가는 모든 길 위에 나는 놓는다

바위로 험한 산길 위에

파도로 사나운 뱃길 위에

고개 너머 평지길 황톳길 위에

사래 긴 밭의 이랑 위에 가르마 같은 논둑길 위에 나는 놓는다

나 또한 놓는다 그대가 만지는 모든 사물 위에

매일처럼 오르는 그대 밥상 위에

모래 위에 미끄러지는 입술 그대 입맞춤 위에

물결처럼 포개지는 그대 잠자리 위에

구석기의 돌 옛 무기 위에

파헤쳐 그대 가슴 위에 심장 위에 나는 놓는다

나의 칼 나의 피를

오, 자유여 자유의 나무여

마치는 글

삼국지를 10번 이상 읽으며 유비가 곤경에 빠질 때마다 적군의 후미에서 포위망을 뚫고 나타나 "주군, 이제 염려하지 마십시오. 상산 조자룡이 왔습니다!"라고 외치던 조자룡의 모습에 큰 감동을 받곤 한다. 장판교에서 온몸에 칼을 맞으면서도 유비의 어린 아들 아두를 구해낸 일화는 언제 들어도 가슴을 뜨겁게 한다.

나라와 국민을 위해, 그리고 땀 흘려 일하는 이 땅의 민중을 위해 늘 한결같은 모습으로 일신의 영욕을 탐하지 않고 헌신하는 조자룡 같은 정치인이 우리 곁에 있기를 늘 소망해 왔다. 그리고 스스로에게 묻는다. 나 또한 조금이라도 그와 닮은 길을 걸어갈 수 있을지 말이다.

나의 정치 여정은 무소속 구의원에서 시작해 민주노동당을 거쳐 지금의 진보당에 이르기까지, 늘 가장 낮은 곳에서 노동자·서민과 함께하는 길이었다. 남구에서 그들의 삶을 챙기겠다며 여러 차례 선거에 나섰으나 결과는 늘 낙선이었다. 하지만 꺾이지 않았다. 말로만 했던 약속을 실천으로 보여주고 싶어 시작했던 '행복발전소' 무료급식소는 10년이 넘는 시간 동안 오히려 내 고단한 마음을 정화해 준 소중한 안

식처가 되었다. 진보 정당의 당원으로서 현장을 지키고 주민들과 밥 한 끼를 나누는 과정은, 정치가 거창한 구호가 아니라 곁을 지키는 온 기라는 사실을 깨닫게 해주었다.

그 굽이진 길마다 10번의 출마라는 가혹한 세월을 묵묵히 버텨준 아내에 대한 미안함과 고마움은 내 삶을 지탱하는 가장 큰 뿌리가 되었다. 국밥집 일손을 돕는 것도 모자라 선거판을 후보보다 더 치열하게 누벼야 했던 아내였다. 그 모진 세월을 견뎌준 아내에게 진심으로 감사드린다.

이제 세상은 AI가 일자리를 대체하고 기후 위기가 생존을 위협하는 격변의 시대로 접어들고 있다. 기술이 발전할수록 소외되는 이들은 늘어날 것이고, 자본의 탐욕은 홈플러스 사태처럼 노동자의 생존권을 더욱 거세게 압박할 것이다. 이럴 때일수록 정치는 한 걸음 앞서 고민하고 국민과 함께 대안을 만들어가는 치열한 과정을 거쳐야 한다.

나는 거창한 권력을 꿈꾸지 않는다. 다만 우리 이웃이 위기에 처했을 때, 조자룡처럼 포위망을 뚫고 나타나 "염려 마십시오, 제가 왔습니다"라고 말해줄 수 있는 든든한 버팀목이 되고 싶을 뿐이다. 일신의 안위를 뒤로하고 민중의 삶 속으로 기꺼이 뛰어드는 정치, 그것이 내가 평생을 걸고 실천하고자 하는 진심이다.

지난 세월 나의 길을 묵묵히 응원해 준 가족과 방석수 위원장을 비롯한 당원 동지들, 그리고 저의 든든한 벗들과 울산 시민들에게 깊은 감사를 전한다. 2026년, 새로운 희망의 길목에서도 나는 내가 할 수 있는 일을 멈추지 않을 것이다.

살다 보면 세상이 내 마음 같지 않고, 홀로 남겨진 듯 외로운 순간이 찾아오기 마련이다. 하지만 정직하게 땀 흘려 일하는 사람들의 진심은 결국 통한다는 믿음을 나는 버리지 않는다. 거창한 약속보다는 곁에서 함께 고민하고, 힘들 때 손을 맞잡아줄 수 있는 이웃이 되고 싶다. 부족한 글이지만 이 속에 담긴 나의 진심이 여러분에게 작은 위로와 힘이 되기를 바란다.

언제나 우리 곁의 평범한 이웃들과 함께하며, 더 나은 내일을 향해 함께 걸어가려 한다.

감사합니다.

2026년 2월 김진석

김진석의 **진심**

초판 인쇄 2026년 2월 2일
초판 발행 2026년 2월 9일

지은이 김진석
발행인 조현수
펴낸곳 도서출판 더로드
기 획 조영재
편 집 정종덕
주 소 경기도 파주시 광인사길 68, 201-1호(문발동)
전 화 031-942-5366
팩 스 031-942-5368
이메일 provence70@naver.com

등록번호 제396-2022-000130호
등록 2022년 8월 17일

ISBN 979-11-6338-507-3(03190)
값 19,000원

내가 생각하는 큰 바위 얼굴의 이야기는

주민 스스로의 모습이었고 주민들 이야말로

가장 유능한 정치인이라고 생각한다.